我们一起解决问题

物业
目视化管理
与5S推行手册

滕宝红◎主编

人 民 邮 电 出 版 社

北 京

图书在版编目（CIP）数据

物业目视化管理与 5S 推行手册 / 滕宝红主编 .
北京 ： 人民邮电出版社，2024. -- ISBN 978-7-115
-64990-4

Ⅰ．F293.33-62

中国国家版本馆 CIP 数据核字第 2024Q3D615 号

内 容 提 要

物业目视化管理与 5S 推行活动主要体现在规章制度、工作标准、操作规程、应急预案、现场管理标准、物业管理标识设置、合理使用各类工具用具等方面，目的是使物业工作人员提高职业素养、遵守工作规范、了解作业现场存在的安全隐患及各类工具用具的使用状态，让工作更加透明、直观，为社区营造良好的生活与工作氛围。

本书针对物业目视化管理与 5S 推行活动的内容提供了多个实操范本，帮助物业工作人员更好地掌握目视化管理和 5S 推行活动的操作步骤，了解整理、整顿、清扫、清洁和素养的推行标准，并对照标准检验自己的工作成效。

本书适合物业公司的负责人、物业项目经理阅读。

◆ 主 编 滕宝红
 责任编辑 刘 盈
 责任印制 彭志环
◆ 人民邮电出版社出版发行 北京市丰台区成寿寺路 11 号
 邮编 100164 电子邮件 315@ptpress.com.cn
 网址 https://www.ptpress.com.cn
 北京市艺辉印刷有限公司印刷
◆ 开本：720×960 1/16
 印张：17.5 2024 年 8 月第 1 版
 字数：250 千字 2024 年 8 月北京第 1 次印刷

定 价：79.80 元

读者服务热线：(010) 81055656 印装质量热线：(010) 81055316
反盗版热线：(010) 81055315
广告经营许可证：京东市监广登字 20170147 号

前　言

　　业主对生活环境、生活质量的要求越来越高，他们需要的不再仅是遮风挡雨的栖身之所，而是秩序井然、环境优美、邻里和睦的生活环境。丰富业主服务体验、提升物业服务水平，已成为物业公司增强自身综合竞争力的重要手段。

　　物业项目经理是物业项目的主要负责人，其执业能力和综合素质直接关系到物业项目的管理水平。要想提升物业项目的管理水平，就要培养一支法律意识强、懂业务、善管理的物业项目负责人队伍，推动和构建完善的物业管家体系。物业管家是物业管理体系有效落地的关键和保障，是提升业主满意度、实现物业公司健康可持续发展的基础。同时，物业公司为提升物业服务质量，必须推动物业服务的标准化、智能化、市场化建设，从而实现物业管理服务水平的跨越式提升。

　　基于此，我们组织了相关院校物业专业的老师和房地产物业咨询机构的培训讲师，参照《中华人民共和国民法典》《物业管理条例》及物业管理实践与理论研究的新趋势和新经验，编写了《物业项目经理工作指导手册》《物业管家业务操作指导手册》和《物业目视化管理与 5S 推行手册》，供读者参考使用。

　　其中，《物业目视化管理与 5S 推行手册》一书由目视化与 5S 概述、目视化与 5S 管理的推进、目视化与 5S 活动开展的方法、目视化与 5S 活动的实施、物业 5S 管理与目视化实践 5 个部分组成，可为物业项目经理提供实操性极强的专业参考。

　　由于编者水平有限，加之时间仓促、参考资料有限，书中难免出现疏漏，敬请读者批评指正。

目 录

第一章

目视化与5S概述

目视化管理也被称为"一眼即知的管理"。5S就是使目视化管理变得更容易。良好的工作环境有助于日常管理实现目视化，也便于及时发现问题并予以及时矫正。

第一节　目视化概述

一、目视化管理基本定义

目视化管理是利用形象直观、色彩适宜的各种视觉感知信息来组织现场生产活动，从而提高劳动生产率的一种管理方式（如图1-1所示）。目视化管理是指整理、整顿、清扫、安全活动结束后，通过人的五种感觉（视觉、触觉、听觉、嗅觉、味觉）感知现场状态正常或异常的方法。它是以人为本的管理，也称"傻瓜管理""高度透明管理"。

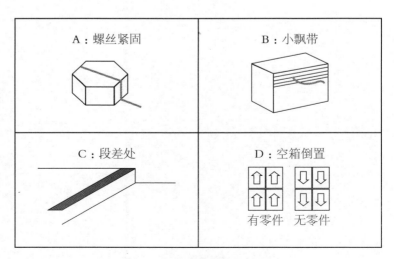

图1-1　目视化管理的形式

二、目视化管理的对象和要点

（一）目视化管理的对象

目视化管理是指对企业内一切看得见摸得着的物品进行统一管理，使现场规范化、标准化。通过运用定位、画线、挂标识牌等方法对工具和物品等实现目视化管理，使员工能及时发现现场发生的问题。另外，对现场各种生产管理信息进行目视化管理，如对仪表的允许范围、管理流程、计划指标等执行情况进行看板管理，方便员工正确、迅速掌握正常与异常情况及执行情况，进行事先预防且迅速采取相应措施。全面目视化管理正在成为企业的重要管理模式。如图1-2所示，飘动的红飘带让人一看就知道空调正在正常运转。

图1-2　空调上的红飘带

对于物业公司而言，目视化管理是利用形象直观、色彩适宜、标准统一的各种视觉感知信息来组织小区和工作场所的现场管理和服务，从而达到提高工作效率和提升业主服务感受的一种手段，也是利用视觉进行管理和服务的一种科学方法，亦称为"看得见的管理和服务"或"一目了然的管理和服务"。图1-3就是将保洁人员的姓名及负责区域公示出来。

图1-3　保洁人员的姓名及负责区域

（二）目视化管理的原则

（1）视觉化：正确标识，进行色彩管理。

（2）界限化：标示管理界限，标示正常与异常的定量界限，使之一目了然，如图1-4所示。

（3）透明化：将被遮盖的地方显露出来，如图1-5所示。

图1-4　目视化管理界限示例

图1-5　目视化管理透明化示例

三、目视化管理的三种水平

（1）初级水平——所有人能明白现在状态。

（2）中级水平——所有人都能判断正常与否。

（3）高级水平——管理方法（异常处置）都非常明确。

表1-1以图示的形式说明目视化管理的三种水平。

表 1-1 目视化管理的三种水平

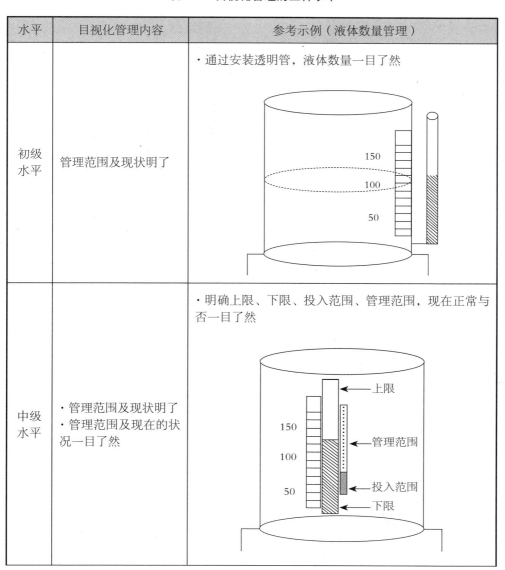

水平	目视化管理内容	参考示例（液体数量管理）
初级水平	管理范围及现状明了	·通过安装透明管，液体数量一目了然
中级水平	·管理范围及现状明了 ·管理范围及现在的状况一目了然	·明确上限、下限、投入范围、管理范围，现在正常与否一目了然

5

（续表）

水平	目视化管理内容	参考示例（液体数量管理）
高级水平	·管理范围及现状明了 ·管理范围及现在的状况一目了然 ·异常处置方法明确，异常管理装置化	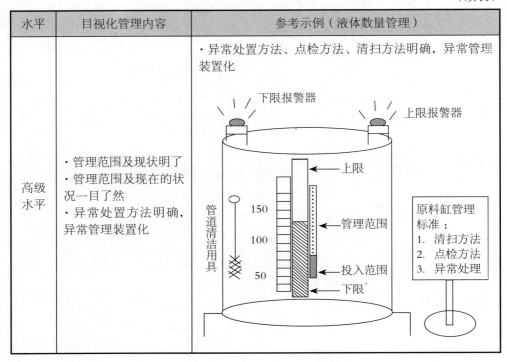

四、目视化管理的基本要求

目视化管理的基本要求如图1-6所示。

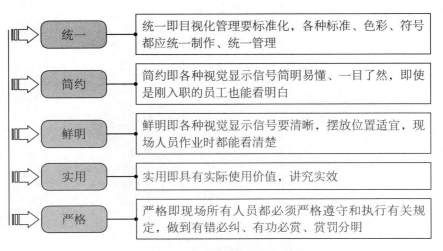

图1-6　目视化管理的基本要求

五、物业目视化管理的主要工具

（一）定置管理

定置管理是以现场为主要对象，研究分析人、物、场所的状况，以及它们之间的关系，并通过整理、整顿、改善生产现场条件，促进人、机器、原材料、制度、环境有机结合的一种方法，如图1-7至图1-9所示。定置管理也是5S管理的重要工具，具体细节请读第三章的内容。

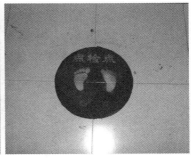

图1-7　点检位置（脚丫）定置

图1-8　设备画线定置

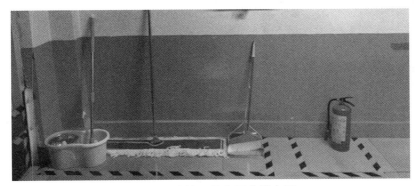

图1-9　清洁工具和灭火器定置

（二）看板管理

看板管理是指将项目（信息）通过各类管理看板揭示出来，使管理状况一目了然的管理方法，如图1-10和图1-11所示。生产现场环境因素的特殊性，决定了看板管理的特点是醒目、清晰、使用管理方便。

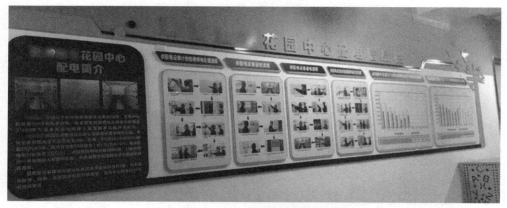

图1-10　小区配电信息看板

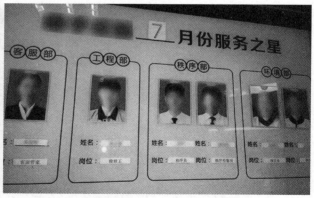

图1-11　人员管理看板

（三）颜色管理

颜色管理是利用人们对颜色的反应和习性及分辨能力与联想能力，运用红、黄、蓝、绿、白几种颜色来管理生产运营，如图1-12所示。颜色管理也是5S管理的重要工具，具体细节请读第三章的内容。

图 1-12 刷上不同的颜色

（四）标识管理

标识管理的范围包括人员、物料和设备等，它主要是通过相应标注进行管理的。标识管理主要利用各种标识、指示牌加以区分。标识管理同样是 5S 管理的重要工具，具体细节请读第三章的内容。

（五）操作流程图

操作流程图是描述工序重点和作业顺序的简明指示书，也称为步骤图（如图 1-13 和图 1-14 所示）。

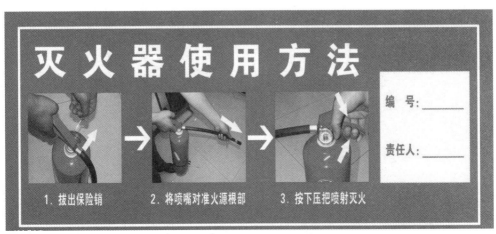

图 1-13 灭火器的使用步骤展示

9

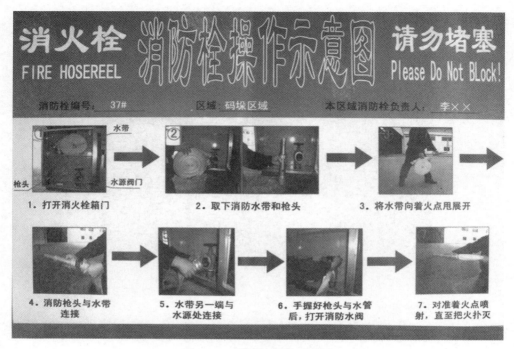

图 1-14　消防栓操作示意图

（六）区域线

区域线就是标识物品放置的场所或通道等区域的线条（如图 1-15 所示），主要用于整理与整顿、标明异常原因。

图 1-15　区域线

（七）警示线

黄色的警示线通常用来表示某种特定区域或提示该处异常，要求工作人员提高警惕、谨慎作业，如图1-16所示。

图1-16 警示线

（八）形迹管理法

形迹管理法就是根据物品或工具的"形"来管理归位的一种方法。

1. 作用

（1）根据物品的形状进行归位。

（2）对号入座。

（3）一目了然，方便取放。

2. 优点

（1）减少寻找工具的时间

以往都是将各种工具混放在箱子里和抽屉中，用的时候就要翻箱倒柜地找，浪费时间。

（2）易于取拿，易于归位

由于每个物品都有自己固定的位置，且摆放规范、整齐，所以取拿非常容易，且归位方便。

（3）工具丢失，马上知道

如果工具使用后未归位或丢失，那么相应的物品行迹就会显现出来（如图1-17所示），减少了清点物品的时间，同时提醒操作者把丢失的工具或物品找回来。

11

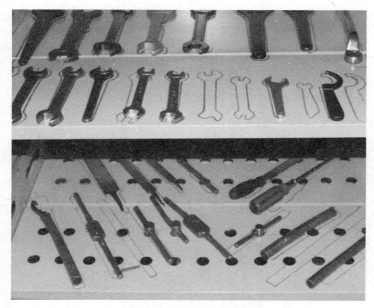

图 1-17　工具的形迹管理

第二节　5S概述

一、5S的起源

　　"5S"是整理（Seiri）、整顿（Seiton）、清扫（Seiso）、清洁（Seiketsu）、素养（Shitsuke）这五个词的首字母缩写（如表1-2所示）。

表 1-2　5S 的定义

中文	日语	精简要义
整理	Seiri	分开处理、进行组合
整顿	Seiton	定量定位、进行处理
清扫	Seiso	清理扫除、干净卫生
清洁	Seiketsu	擦洗擦拭、标准规范
素养	Shitsuke	提升素质、自强自律

图1-18 5S宣传贴画

5S活动最早在日本实施，日本企业将5S活动作为管理工作的基础，推行各种品质的管理手法。在丰田公司的倡导与推行下，5S对塑造企业形象、降低成本、准时交货、安全生产、作业标准化、工作场所改善等方面发挥了巨大的作用，逐渐被各国的管理界借鉴。现在，5S已经成了企业的一种常规管理手段。5S宣传贴画如图1-18所示。

二、5S的内容

（一）整理

整理就是将必需品与非必需品区分开，岗位上只放置必需品，将不需要用的物品清出工作场所。目的是把"空间"腾出来，整理前和整理后的对比如图1-19所示。

1.整理的作用

（1）使现场无杂物，通道通畅，增大作业空间，提高工作效率。

（2）减少碰撞，保证生产安全，提高产品质量。

（3）避免混料差错。

（4）减少库存，节约资金。

（5）使员工心情舒畅，工作热情高涨。

2.因缺乏整理而产生的各种常见的浪费

（1）空间浪费。

（2）零件或产品因过期而不能使用，造成资金浪费。

（3）场所狭窄，因物品不断移动导致工时浪费。

（4）管理非必需品的场地和人力浪费。

（5）库存管理及盘点时间的浪费。

整理

图1-19　整理前和整理后的对比

（二）整顿

　　整顿就是将必需品根据规定定位、定量摆放整齐，明确标示。其目的是减少寻找物品的时间，使工作场所整齐规范，如图1-20所示。

　　整顿工作具有以下作用。

　　（1）营造一目了然的现场环境。

　　（2）一旦出现丢失、损坏等异常情况，员工能马上发现、及时处理。

　　（3）提高工作效率，减少浪费和非必需的作业。

　　（4）物品存放区域有明确标志。

　　（5）所有物品都有准确的标志。

　　（6）缩短寻找物品的时间。

　　（7）使操作步骤标准化。

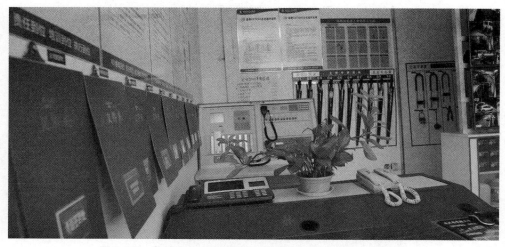

图1-20　监控室内经整顿后各种物品都有定位且标识明确

（三）清扫

清扫就是清除工作场所内的脏污，保持工作场所干净明亮，达到零故障、零损耗的目的，创建一个明快、舒畅的工作环境。清扫的作用如下。

（1）营造干净整洁的工作环境，使员工保持心情愉快。

（2）保持设备清洁，提高设备性能，减少设备故障。

（3）提高作业质量。

（4）减少脏污对服务质量的影响。

（5）避免发生伤害事故。

因此，物业服务企业必须通过清扫活动来清除杂物，创建干净、整洁的工作环境，保证员工安全、优质、高效地工作。

（四）清洁

整理、整顿、清扫后要认真维护现场。清洁是对前三项活动的延续，目的是消除安全事故隐患。清洁的作用如下。

（1）维持清扫的成果，使自己负责的工作区域、机器设备保持干净。

（2）改善容易出现污垢、灰尘等的机器设备、物品，设法消除污染源。

（五）素养

素养即帮助员工养成严格遵守规章制度的习惯，这是"5S"活动的核心。如果没有人员素质的提高，各项活动就不能顺利开展，即使开展也不能持久。所以，"5S"活动要始终着眼于提高人的素质。

素养的作用如下。

（1）提升员工素质。

（2）改善工作意识，包括效率意识、成本意识、品质意识和安全意识。

（3）推动前面4个"S"，形成行为习惯。

（4）使员工按标准作业。

（5）创造和谐的工作氛围。

（6）提高全员的文明程度。

三、5S之间的关系

5S彼此相互关联。其中，整理、整顿、清扫是5S活动的具体内容；清洁则是对整理、整顿、清扫工作的规范化和制度化管理；素养要求员工养成自律习惯，坚持推行 5S 活动。5S 要素关系如图 1-21 所示。

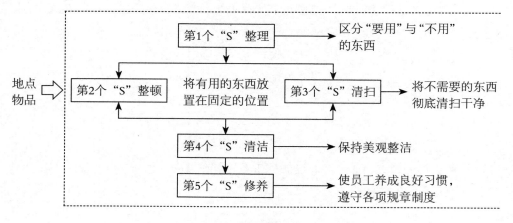

图 1-21 5S 要素的关系

第二章

目视化与5S管理的推进

第一节　目视化与5S活动策划

一、收集信息

（一）事例调查

通过上网搜索、阅读书籍和杂志、参加演讲会和参观学习等方式获取信息。该方式花费较少。

（二）调查其他企业的实施状况

看一看其他企业目视化与 5S 活动的实施状况。

（1）有业务往来的公司。

（2）管理咨询顾问介绍的公司。

（3）学校的前辈、同学、后辈等服务的公司等。

二、诊断

诊断是了解物业项目工作场所的实力和水准，以及发现问题的方法。做法是与其他物业服务企业、其他物业的项目工作场所或计划中的效果进行对比。可以将诊断作为对目视化与 5S 活动推行过程的审核，所以 5S 推行负责人要记录并保管好诊断结果。记录的内容如下。

（1）作为比较对象的工作场所。

（2）基准。

（3）实施日期。

（4）实施人员。

三、确定测定效果的方法

推行目视化与 5S 活动的目的并不在于活动本身，而是为了提升企业服务质量。在推行目视化与 5S 活动的过程中，物业服务企业应随时关注目视化与 5S 活动的实施效果，了解企业在哪方面应该有所提高，在没有出现效果的情况下，应审核目视化与5S活动的实施方法。因此，物业服务企业应事先确定测定目视化与5S活动效果的方法，收集各个企业的信息，找到最适合自己的方法。

第二节　建立目视化与5S活动推行组织

为了有效推行目视化与5S活动，物业服务企业需要建立一个符合企业自身条件的推行组织。

一、目视化与5S活动推行组织架构

目视化与5S活动的推行组织和物业服务企业的组织架构是一致的，企业的最高管理者理所当然是活动推行责任人，各职能部门的主管即为本部门的推行负责人。为了加强目视化与5S活动的推行工作，有必要在最高管理者之下设立推行事务办公室，各部门指定目视化与5S活动代表参与其中。

目视化与5S活动推行要求如下。

（1）从物业服务企业高级管理人员、物业项目管理处管理人员到一般从业人员都要参加。

（2）物业服务企业高级管理人员、物业项目管理处管理人员要起模范带头作用。

（3）尊重各个工作场所的观念。

（4）整个运作应该踏踏实实地进行，绝不能急躁行事。

二、目视化与5S活动推行组织职责

（一）目视化与5S活动推行委员会

目视化与5S活动推行委员会的目的在于激活并持续推行目视化与5S活动，其任务是对目视化与5S活动进行规划、监督、评价和指导。为此，目视化与5S活动推行委员会需定期（通常为每个月）召开一次会议，讨论活动进展状况，听取各部门推行进展的汇报，其重点在于解决各部门在推行过程中遇到的各种困难和问题，协调各部门的活动。

目视化与 5S 活动推行委员会的职责如下。

（1）制定目视化与 5S 活动推行的目标、方针。

（2）任命推行事务办公室的负责人。

（3）批准目视化与 5S 活动推行计划书和推行事务办公室的决议事项。

（4）评价活动成果。

（二）目视化与 5S 活动推行事务办公室的职责

目视化与 5S 活动推行事务办公室主要负责制订和贯彻目视化与 5S 活动计划，对各个部门目视化与 5S 活动提供指导和支持，帮助解决各个部门在活动推行过程中出现的问题。其具体职责如下。

（1）制订目视化与 5S 活动推行计划，并监督计划的实施。

（2）组织对员工的培训。

（3）负责对目视化与 5S 活动的宣传。

（4）制定目视化与 5S 活动推行办法和奖惩措施。

（5）主导开展企业目视化与 5S 活动。

（三）各部门负责人及行动组组长的职责

在各个部门或物业项目管理处，部门或物业项目管理处负责人是目视化与 5S 活动的推动者。除负责人以外，选举或指定一位或几位（根据部门规模而定）责任心强的骨干员工担任部门目视化与 5S 活动代表，负责推行部门的目视化与 5S 活动。目视化与 5S 活动代表可以从部门或物业项目管理处负责人、主管、班长中选出，也可以从积极向上的年轻员工中挑选出来。

1. 负责人的 职责

（1）负责本部门（物业项目管理处）目视化与 5S 活动的开展，制定本部门目视化与 5S 活动规范。

（2）负责本部门（物业项目管理处）的人员教育和对活动的宣传。

（3）设定部门（物业项目管理处）的人员教育和对活动的宣传。

（4）指定本部门（物业项目管理处）的目视化与 5S 活动行动组组长。

2. 行动组组长的职责

（1）协助部门（物业项目管理处）负责人对本部门（物业项目管理处）目视化与 5S 活动的推行。

（2）作为联络员，在推行事务办公室和所在部门（物业项目管理处）之间进行信息沟通。

目视化与 5S 活动推行委员会、推行事务办公室、部门（物业项目管理处）负责人及行动组组长的工作在很大程度上决定着目视化与 5S 活动的成功与否。为了有效推行目视化与 5S 活动，推行组织中各个层面的有效运营是不可缺少的。

第三节　制订目视化与5S活动推行计划

所谓计划就是预先决定 5W1H——做什么（What）、为什么做（Why）、什么时候做（When）、由谁做（Who）、在什么地方做（Where）、怎么做（How）等。计划是在各式各样的预测基础上制订的，所以并不是所有事情都会按照计划发展。但如果不制订计划，所有的事情就会杂乱无章。

一、长期计划（年度计划）

（一）第一年计划

第一年的计划是导入期。一般来说，将地板和工作场所整理干净，得到业主（用户）的赞扬差不多要花两年的时间。

第一年计划推行的项目如表 2-1 所示。

表 2-1　长期计划表（第一年）

项目 ＼ 月	
组成推行目视化与 5S 活动的组织	
教育宣传	
开始活动宣言	
进行大扫除	
进行整理	
列出改善项目的清单	
改善	
巡回检查工作场所	
表彰	

（二）第二年计划

第二年的计划是推行以下项目。

（1）列出各个工作场所重点改善项目的清单。例如，文件档案整理的确立，设施设备的整理和整顿，材料放置区域的改善，工程部工具、保洁工具类的整理和整顿，布告牌设置，保持工作服的清洁。

（2）工作场所、作业场所的安排。

（3）进行改善。

（4）巡回检查工作场所、作业场所。

（5）表彰。

（三）第三年计划

第三年的计划是推行以下项目。

（1）各个工作场所重点改善项目的清单。例如，作业标准书的整理和有效利用，零星材料的有效利用，防止灰尘发生的对策，设备间日常检查的改善，重新认识清扫，程序时间的简单化。

（2）改善。

（3）巡回检查工作场所。

（4）表彰。

（5）与业绩评估的关系。

二、短期计划

短期计划是用来明确具体的改善项目和具体日程的。例如，从某月某日到某月某日在工具架上做标记，某月某日进行天花板的扫除等。每个短期计划完成后，就在该计划上用笔画掉。短期计划表如表2-2所示。

表2-2 目视化与5S活动推行计划表（每季度循环一次）

步骤	项目	推行计划											
		1周	2周	3周	4周	5周	6周	7周	8周	9周	10周	11周	12周
目视化与5S活动推行准备	（1）重新确定目视化与5S活动推行负责人和小组，并修改相关的目视化与5S活动实施文件												

22

（续表）

步骤	项目	推行计划											
		1周	2周	3周	4周	5周	6周	7周	8周	9周	10周	11周	12周
目视化与5S活动推行准备	（2）各物业项目管理处副主任负责提交各小组的责任区域图，以及提交目视化与5S活动所有待其他部门或上级部门解决的问题清单												
	（3）整个物业项目的新员工培训及培训考试；目视化与5S活动全公司宣传												
目视化与5S活动推行	（1）各部门开始实施整理并提交整理整顿清单												
	（2）各部门确定清扫责任区，具体落实到每一个人并实施清扫												
	（3）重新制作样板工程												
	（4）各部门参照实施整顿（目视化管理）												
	（5）各部门实施目视化与5S活动												
	（6）整个物业项目的各部门目视化与5S活动开始实施评比												
目视化与5S活动的效果检讨	（1）每周由目视化与5S活动推行委员会委员对各区进行周评比，并纳入月评比中												
	（2）每月由目视化与5S活动推行委员会主任抽取部分委员对各区进行评比，对前两名给予奖励												
目视化与5S活动的持续改进	（1）由人力资源部将目视化与5S活动培训内容纳入新员工培训项目之中，每个月对新员工组织一次培训												
	（2）开展新的趣味性竞赛												
	（3）提升目视化与5S活动目标												
	（4）与各部门的管理绩效挂钩，促进全体参与												

第四节 实施目视化与5S活动教育培训

作为目视化与 5S 活动推行组织，首要任务是把全体成员培养好，领导全员同心协力，共同推进目视化与 5S 活动。作为消除浪费和推行持续改善活动的组织，如何把活动维持在一个较为理想的水平，教育培训是关键因素。

一、制订培训计划

（1）依据实际情况编制年度、月度或临时项目培训计划，如表 2-3 所示。

（2）根据管理人员、基层员工（维保人员、绿化工、保洁人员、客服人员）、新员工等的不同情况"量身定做"培训计划。

（3）教材教具齐备。

（4）选择合适的学习环境。

表 2-3 5S 培训计划表

培训项目	受训人员	培训期限	培训时间	培训地点	讲解人
5S 基本培训课程					
5S 深造培训课程					
5S 审核员培训课程					

填报员：_____   批核员：_____

填报日期：_____   批核日期：_____

24

二、开展教育培训

（一）培训骨干人员

目视化与5S活动是员工广泛参与的活动，为了使活动能持续开展，需要由推行组织进行指导，制定活动方案、各种标准和规定，并通过一些评比、竞赛为活动制造高潮，激发员工的参与热情，这就要求骨干人员能组成强有力的推行组织。这些人应该对目视化与5S活动的基本知识和推行要领有较好的认识，活动发起前，需要着重培养一批这样的人才。

培养骨干人员可以通过委外培训、购买资料学习、到活动开展得较好的物业服务企业参观等方法进行。

（二）培训一般员工

对一般员工也要实施目视化与5S活动培训，主要目的就是让员工正确认识目视化与5S活动。一般来说，培训的内容主要包括以下几个方面。

（1）目视化与5S活动的内涵。

（2）推行目视化与5S活动的意义。

（3）企业对推行目视化与5S活动的态度。

（4）目视化与5S活动的目标和计划。

（5）有关的评比和奖励措施等。

三、考核检查

有培训就有考核，考核可以提高员工对目视化与5S活动的重视程度。奖优罚劣，向优秀员工颁发证书，通报表扬；不及格者补考至及格为止。

四、总结经验

培训过程中要及时完善教材，优化教学方式。及时做好总结，为下一次培训做好准备。

培训按照以上四个步骤实施，同时配合标语、新闻、报刊、竞赛等宣传攻势，必要时可聘请外部顾问来企业授课。

【实例01】

5S 培训考试试题（1）

姓名：   性别：   得分：

一、填空题（共 15 分，每题 3 分）

1. 5S 指的是_____、_____、_____、_____、_____。

2. 区分工作场所内的物品为"要的"和"不要的"是属于 5S 中的_____。

3. 物品乱摆放属于 5S 内容中的_____。

4. 整理的目的是_____。

5. 整顿的三要素是指_____、_____、_____。

二、是非判断（错的打"×"，对的打"√"，共 15 分，每题 3 分）

1. 5S 管理是革除人的"马虎"症的良药,主要以提升人的品质为最终目的。（ ）

2. 5S 管理只是一个短期的活动，无须长期坚持。（ ）

3. 清洁不仅要求对企业的物品和机器做到清洁，而且要求对员工的形体和精神做到"清洁"。（ ）

4. 5S 管理只是为了保障生产安全。（ ）

5. 只要大家清楚工具间的工具、物料在哪里，不作标示也没有关系。（ ）

三、选择题（共 30 分，每题 3 分，请选择一个或多个合适的答案）

1. 以下属于"素养"范畴的不良习惯有：（ ）

    A. 上班迟到   B. 不按作业规程操作

    C. 上班时间上洗手间   D. 随地乱扔垃圾

2. 公司什么地方需要整理、整顿？（ ）

    A. 生产现场   B. 办公室

    C. 公司的每个地方   D. 仓库

3. 整理主要是消除什么浪费？（ ）

    A. 时间   B. 工具

    C. 空间   D. 包装物

4. 整顿中的"3定"是指：（　　）

  A. 定点、定方法、定标示   B. 定点、定容、定量

  C. 定容、定方法、定量   D. 定点、定人、定方法

5. 整理时，要根据物品的什么因素来决定取舍？（　　）

  A. 原购买价值   B. 现使用价值

  C. 是否占空间   D. 是否能卖好价钱

6. 在目视化与5S活动推行中，下面哪些最重要？（　　）

  A. 人人有素养   B. 地、物干净

  C. 公司有制度   D. 服务效率高

7. 清扫在5S管理中的位置是什么？（　　）

  A. 有空再清扫就行了   B. 清扫是工作的一部分

  C. 地面、物品干净   D. 服务效率高

8. 5S和服务品质的关系？（　　）

  A. 工作方便   B. 改善品质

  C. 提升工作效率   D. 没有多大关系

9. 5S与公司及员工有哪些关系？（　　）

  A. 提高公司形象   B. 增加工作时间

  C. 增加工作负担   D. 安全有保障

10. "目视化管理"的方法有：（　　）

  A. 划分区域   B. 显示牌

  C. 颜色区分   D. 定位置和标志

四、思考题

1. 谈谈你对目视化与5S活动的理解。（10分）

2. 如果在你所在的部门推行目视化与5S活动，可能遇到的困难是什么？怎么解决？（15分）

3. 谈谈"提升自我，从小事做起"在素养中的重要性。（15分）

【实例02】

5S 培训考试试题（2）

考生部门：　　　　　　　　　　考生姓名：

考生成绩：　　　　　　　　　　考试日期：

注：选择题目，答案只许选一个

一、选择题

1. 以下哪一个是整理的例子？（5分）

　　A. 所有东西都有固定的位置，30 秒内就可以找到

　　B. 储藏的透明度和防止出错的方法

　　C. 个人清洁责任的划分和环境明亮照人

　　D. 履行个人职责（包括优良环境、问责和守时）

2. 以下哪一个是素养的例子？（5分）

　　A. 所有东西都有固定的位置，30 秒内就可以找到

　　B. 储藏的透明度和防止出错的方法

　　C. 个人清洁责任的划分和环境明亮照人

　　D. 履行个人职责（包括优良环境、问责和守时）

3. 在分层管理的标准中，使用程度为"中"用量，其使用的频率一般定义为多少？（5分）

　　A. 一年都没有使用过的物品

　　B. 7 ~ 12 个月内使用过的物品

　　C. 1 ~ 6 个月内使用过的物品

　　D. 每日至每月都要使用的物品

　　E. 每小时都要使用的物品

4. 以下哪些是整顿的推行方法？（5分）

　　A. 目视化管理

　　B. 定置管理

　　C. 储存的透明度

　　D. 视觉监察法

　　E. 分层管理

5.5S 可以有助于公司哪方面的效用？（5 分）

    A. 安全

    B. 品质

    C. 效率

    D. 形象

    E. 以上全部都是

二、简答题

1. 请列出整顿的三个要点。（6 分）

2. 推行 5S 的效能是什么？（7 分）

3. 如何实施 5S？（10 分）

4. 为什么要实施 5S？（10 分）

5. 请分别列出两个以上实施 5S 的方法和执行思路。（12 分）

三、分析题

请列出以下照片中不符合 5S 管理的要点，并说明原因及改善方法。（共 30 分）

第五节 活动前的宣传造势

一、活动口号征集和5S标语制作

物业服务企业可以自制或外购一些 5S 宣传画、标语等（如图 2-1 和图 2-2 所示），张贴在工作现场，这样做不仅能使工作环境增强活力，而且能在潜移默化中让员工对 5S 形成概念。除此之外，还可以通过在物业服务企业内开展有奖征集口号等活动，提高员工对活动的参与积极性。

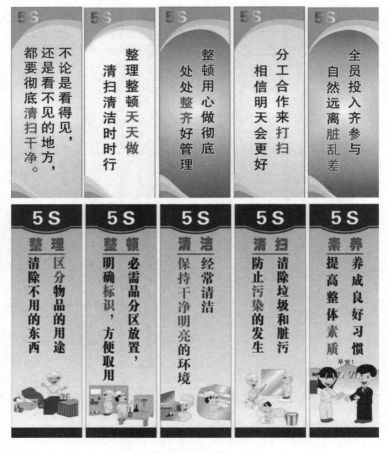

图 2-1　5S 标语

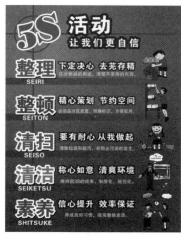

图 2-2　5S 标语

二、利用内部刊物

一些较大的物业服务企业通常有内部刊物，可利用它对目视化与 5S 活动进行宣传，经常发表领导强调目视化与 5S 活动的讲话，介绍目视化与 5S 活动的知识，介绍目视化与 5S 活动的进展情况和优秀成果，以及目视化与 5S 活动的实施规范等。由于内部刊物的影响较大，只要利用好了就会对目视化与 5S 活动起到很好的推动作用。

三、制作宣传板报

物业服务企业和各管理处、各部门还可以通过制作目视化与 5S 活动板报的形式来宣传目视化与 5S 活动的知识，展示目视化与 5S 活动的成果，发表目视化与 5S 活动的征文，提示存在的问题等。板报的内容可以做得丰富多彩，它是一种很有效的宣传工具。

物业服务企业和各管理处、各部门应定期对板报的内容进行更新和维护，如果内容长时间不变，板报破旧不堪也就失去了它应有的宣传作用了。

（一）制作板报的目的

制作板报的主要目的是营造浓厚的目视化与 5S 活动氛围，普及目视化与 5S 活动知识，提高全员参与的程度。

（二）板报的制作方法

板报是展示现场管理文件的场地，各部门或各物业项目客服中心应该设置专门的 5S 板报（如图 2-3 和图 2-4 所示）。

图 2-3　5S 管理宣传看板

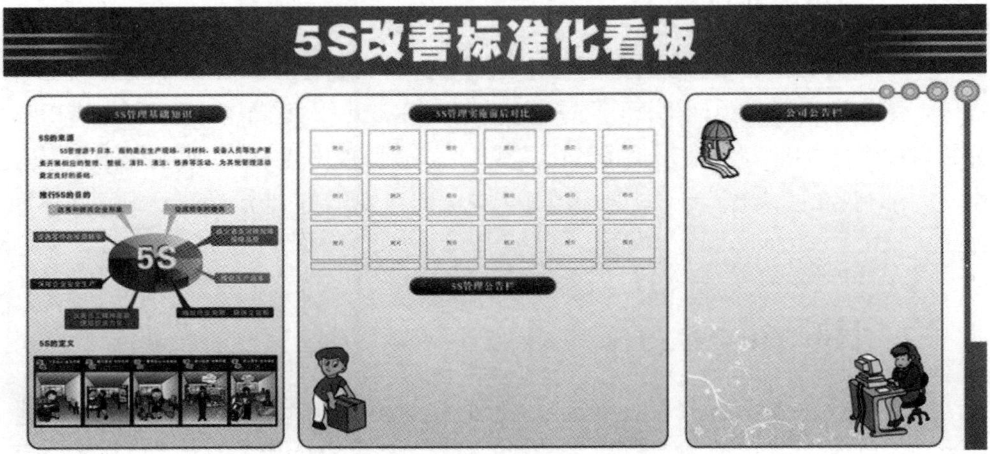

图 2-4　5S 改善标准化宣传看板

在板报制作的过程中，应留意以下两点。

（1）板报应设在员工或客户必经的场所，如通道、休息室附近，同时要求空间比较宽敞，站着也可看得到。

（2）板报制作要美观大方，并让人看了有美感。

四、制作推行手册

为了让全员了解和执行目视化和 5S 活动，最好能定制推行手册，且做到人手一册，通过宣讲学习，确切掌握5S的定义、目的、推行要领、实施办法和评鉴办法等。

第六节　建立目视化与5S活动样板区

一、样板区目视化与5S活动程序

开展样板区目视化与5S活动的首要任务是快速展现目视化与5S活动成果，增强领导和员工必胜的信心。因此，在设计样板区目视化与5S活动的时候，就应该考虑整合或简化活动步骤，使其达到快速见效的目的。

样板区目视化与5S活动的主要程序如图2-5所示。

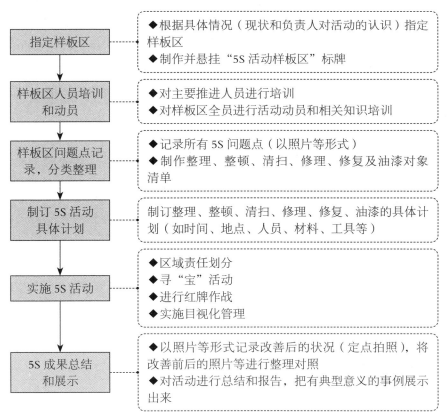

图2-5　样板区目视化与5S活动的主要程序

33

一旦决定开展样板区的目视化与 5S 活动，就要全力以赴争取在短期内取得成效，否则整个活动计划都将受到影响。

二、样板区的选择

选择样板区，就是要在公司范围内找到一个突破口，为大家创造一个可以借鉴的样板。为了达到这个目的，在选择目视化与 5S 活动样板区时应注意以下事项。

1.选择硬件条件差、改善难度大的部门作为样板区

如果选择一个硬件条件好（如新建的厂房、新买的设备等）的车间或部门，短期的目视化与 5S 活动很难创造出令人信服的，特别是能够产生视觉冲击力的效果。相反，选择一个硬件条件差、改善难度大的车间或部门，通过短期集中的目视化与 5S 活动，使管理现场发生根本性的改变，特别是一些长期脏、乱、差的地方得到了彻底的改观，将对员工产生巨大的视觉冲击，使样板区真正发挥样板作用。

2.选择具有代表性的部门作为样板区

在选择目视化与 5S 活动样板区时，还应考虑样板区应有一定的代表性，其现场存在的问题具有普遍性。只有这样，改善的效果才有说服力，才能被大多数人认同和接受。否则将很难达到预期的效果，也不能给其他部门提供示范和参考作用。

3.样板区的责任人改善意识要强

要想样板区的目视化与 5S 活动在短期内见效，选择改善意识比较强的负责人尤为重要。否则，再好的愿望都将会落空。

三、样板区的活动重点

样板区的活动重点如表 2-4 所示。

表 2-4　样板区的活动重点

序号	活动名称	活动内容	备注
1	在短期内突击进行整理	采取长期的分阶段整理的方法是不明智的，必须在短时间内，对整个样板区进行一次大盘点，准备对无用品进行处理	
2	下狠心对无用品进行处理	"做好整理工作的关键是废弃的决心"就是对那些无用品进行处理的决心	把确定的废弃品扔掉，把待定的物品分类转移到另外的场所，待上级确定

（续表）

序号	活动名称	活动内容	备注
3	快速的整顿	以工作或操作的便利性、使用的频度、安全性、美观等，决定物品的放置场所和方法，对所有已摆放归位的物品要采用统一的标志	因为时间的关系，可先采用特定的标志方法，待下一步再研究统一的标志方法
4	彻底的清扫	在短期内，发动全体员工进行彻底的清扫，对难点采取特殊的整理措施，对陈旧设备最好的处理办法是涂上新的油漆	

四、样板区活动效果确认及总结报告

要使样板区的目视化与5S活动成果普及到全公司，应该力求做好以下几个方面的工作。

1. 活动成果的报告和展示

首先要对样板区的目视化与5S活动成果进行系统总结，总结的内容包括活动计划、员工培训、活动过程、员工参与活动的情况、活动成果和改善事例等。有条件的话，可以把这些内容制成板报（如图2-6和图2-7所示），集中展示出来，让全体员工了解样板区的目视化与5S活动。

除此之外，还可以通过说明会、报告会和内部刊物等形式进行广泛宣传。

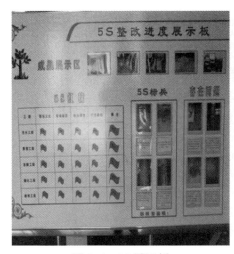

图 2-6　5S 展示板

图 2-7　5S 整改进度展示板

2. 组织样板区参观活动

为了让公司内更多的人了解样板区的改善成果，组织样板区参观活动是一个很有效的方法。它是公司领导表明对样板区活动成果认同的好机会。要使参观活动有成效，就要做好以下几个方面的准备工作。

（1）准备好参观的地点和需要做重点介绍的事项，在现场对改善事例进行展示。

（2）指定对改善事例进行解说的员工（通常是改善者本人），并按要求做好解说准备。

（3）参观人员分组时，注意在每一个小组内安排一位企业高层管理者。

3. 高层领导的肯定和关注

开展样板区活动的目的是要通过局部的改善带动企业全面开展目视化和5S活动，起到以点带面的作用。为了使样板区的改善成果有号召力，企业高层管理者对改善成果的认同是很关键的。

第七节　目视化与5S活动导入及查核

一、目视化与5S活动正式导入

（一）确定方案

通过建立目视化与5S活动样板区，并进行试运行后，应对试运行的结果进行检查修订，从而确定正式的实施办法、活动推行办法和推行时间。

（二）下定决心

由最高管理者召集全体人员，再次强调推行目视化与5S活动的决心，公布正式导入的日期，以及最高管理者的期望。

（三）公布实施办法

由目视化与5S活动推行委员会主任签名的活动推行办法、推行时间等内容应予公布，使全体人员了解整个活动的进程。

（四）说明活动办法

（1）由推行委员会召开委员及各组长会议，说明活动方法。

（2）由各组长举行活动方法说明会，各组成员参与。

二、活动查核

目视化与5S活动的推行，除了必须拟订详尽的计划和活动办法，在推动过程中每一项活动均要定期检查。

（一）检查的目的

为了使目视化与5S活动水平得到有效提升，定期实施检查是很有必要的。定期进行检查的目的如下。

（1）确认公司和部门目视化与5S活动推行机制。

（2）确认目视化与5S活动计划的落实情况。

（3）确认现场目视化与5S活动的问题点。

（4）提升员工的5S意识。

（5）为目视化与5S活动的评比和奖励提供依据。

（二）检查表的制作

目视化与5S活动检查和现场巡视、定点拍照等方法有些相似之处，不同的是，它通常是依据"检查表"进行的。由于物业服务企业的5S都会有其特殊性，要结合本企业或物业服务项目的特点制作"5S检查表"。5S检查表包括检查项目、检查情况、得分标准、备注等栏目。

（三）目视化与5S活动检查的实施步骤

目视化与5S活动检查的实施步骤如图2-8所示。

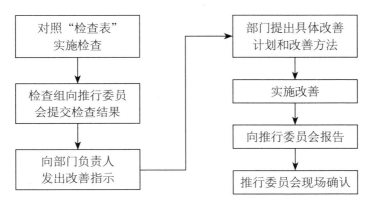

图 2-8 检查的实施步骤

（四）目视化与 5S 活动检查实施和跟进体系的建立

要使目视化与 5S 活动检查真正起到其应有的作用，就必须建立推行、跟进体系。这个体系通常包括以下几个方面的内容。

（1）组织者：目视化与 5S 活动事务办公室。

（2）参与者：公司高层管理者、部门负责人、推行委员会委员等。

（3）检查基准：事先制作的"检查表"。

（4）实施时间：定期（一个月或两个月一次）实施。

（5）检查结果的应用：改善项目的提出、改善的跟进和改善结果的确认。

目视化与 5S 活动日常确认和跟进表如表 2-5 和表 2-6 所示。

表 2-5 目视化与 5S 活动日常确认表

部门				班组					5S 区域号					
责任人：										照片				
现场实施内容				现场实施确认			责任者：			区域号：				
区域	部位	周期	要点及目标	月 日—月 日					月 日—月 日					月 日—月 日					月 日—月 日				
区域	部位	周期	要点及目标	周一	周二	周三	周四	周五	周六	周一	周二	周三	周四	周五	周六	周一	周二	周三	周四	周五	周六	周一	周二	周三	周四	周五	周六
◎：代表良好（绿色），○：代表中等（蓝色），▲：代表及格（黄色），※：代表较差（红色）																											

表2-6 目视化与 5S 活动整改每日跟踪表

区域	负责人	整改项目总数	本日到期数	完成数	未完成数	未完成项目		备注
						未完成原因	对策	

第八节　目视化与5S活动评鉴

评鉴是物业服务企业为检验各部门的目视化与 5S 活动是否在有效推行，以及推行的效果是否达到要求而进行的内部自检过程。评鉴制度是推进目视化与 5S 活动的有效手法，物业服务企业可以通过导入目视化与 5S 活动评鉴制度来督促活动的持续推进和水平提升。

一、评鉴的内容

（1）目视化与 5S 活动的实施水准是否达到了公司的期望。

（2）员工的改善意识如何，是否有足够的改善事例。

（3）是否制定必要的标准以保障活动的有效开展。

（4）目视化与 5S 活动是否按公司和本部门的计划实施。

（5）其他需要确认的事项。

二、评鉴的范围

评鉴一般以部门为单位，较大的部门也可根据需要以部门内的一个班组或一个区域作为评鉴的范围。

三、评鉴准备

（一）制定评分标准表

评分标准表包括事务评分标准表、现场评分标准表等。

制定评分表要遵循以下原则。

（1）绝对不能用一张表打通关。因为，这种类似平等的评分方式很容易使这项活动不了了之，所以，一定要依据企业的不同性质设计不同的评分内容与标准。

（2）将部门的目标或方向作为检核的内容，让他们知道，公司希望他们达到这些目标或方向。

（二）评分道具的准备

（1）评分用档案夹（封面作清楚标示）。

（2）评分标准表（放入档案夹封面内页）。

（3）评分记录表（夹于档案夹内）。

（4）"评分员臂章"及"评审人员作业标准"（如参考路线、时间，档案夹的传递方法，评分表上交时间，评分表填写方法）。

（三）评分时间

评分开始时频度应较高，每日一次或每两日一次，一个月作一次汇总，并给予表扬或纠正。

（四）确定评鉴组成员

评鉴组由 3 ~ 5 名人员组成，其中设组长 1 名。评鉴组成员包括推进事务办公室的人员、一些部门的负责人或目视化与 5S 活动代表，被评鉴部门的人员不能进入评鉴组。

（五）确定检查内容

由于每个部门的实际情况不一样，评鉴组需要根据被评鉴部门的情况确定诊断时应该重点检查的事项，以便使评鉴工作有的放矢。

四、评鉴实施

评鉴过程分为两个部分：一个部分是诊断会，由被评鉴部门向评鉴组报告目视化与 5S 活动的开展情况；另一部分是评鉴组进行现场诊断。

（一）评鉴会

举行评鉴会是为了使评鉴组了解被评鉴部门开展目视化与5S活动的总体情况，部门负责人针对本部门目视化与5S活动的推进情况进行报告，报告的内容通常包括以下七项。

（1）开展目视化与5S活动的目的。

（2）目视化与5S活动的方针、目标。

（3）活动经过介绍。

（4）活动实施效果。

（5）活动开展的方向。

（6）本部门目视化与5S活动成果总结。

（7）典型改善事例介绍。

（二）现场评鉴

评鉴会结束后即进入现场评鉴。现场评鉴的方式主要是评鉴组听取现场工作人员实地介绍目视化与5S活动的改善实例和改善心得，并按评分标准进行实地检查，由评鉴组直接感受被评鉴部门的目视化与5S活动取得的成绩和存在的不足。

五、评鉴结果总结

评鉴结果的总结一般包括以下几个方面的内容。

（一）评鉴事实的记录

评鉴组成员将从评鉴会和现场评鉴中获得的有关事实记入"目视化与5S活动评分表"（如表2-7所示），并对表中所列的检查项目逐项进行符合性判断。

表2-7　目视化与5S活动评分表

| 项目 | 内容 | 检查标准 | 实际评分 | | | | | | 问题描述 |
			1区	2区	3区	4区	5区	6区	
1.环境20分	（1）地面	①无积水							
		②无垃圾、杂物							
		③无团状泥尘							
		④无药水凝固痕迹							

（续表）

项目	内容	检查标准	实际评分						问题描述
			1区	2区	3区	4区	5区	6区	
1.环境20分	（1）地面	⑤地面无损坏，以水泥地损坏为准（已申报者不扣分）							
	（2）墙/天花板	①无积水							
		②无损坏（已申报者不扣分）							
		③无药水凝固痕迹							
		④无蜘蛛网							
		⑤无乱涂、乱画、乱写、乱贴							
		⑥悬挂设施无积尘且牢固							
		⑦无涂料脱落或剥离（已申报者不扣分）							
		⑧墙上无脚印、手印							
		⑨电线无脱落							
	（3）窗/门	①目视无灰尘，无杂物							
		②窗、门（包括锁门链）、玻璃无损坏							
		③无乱涂、乱画、乱写、乱贴							
		④无脚印							
	（4）水沟	①畅通无堵塞							
		②无杂物							
		③沟底无污泥							
		④无损坏（已申报者不扣分）							
此项评分累计									
加权后得分									
2.设备30分	（1）设备	①无灰尘（设备表面及可见的内部）							
		②设备上无杂物							
		③设备标示清楚							

（续表）

项目	内容	检查标准	实际评分						问题描述
			1区	2区	3区	4区	5区	6区	
2.设备30分	（1）设备	④设备表面无损坏（已报者不扣分）							
		⑤无漏药水，无漏油，无漏水							
	（2）工作台/凳	①无杂物及灰尘（包括抽屉内）							
		②按区摆放整齐							
		③无损坏（已申报者不扣分）							
		④后面分区标示清楚							
		⑤桌面、凳上物品按区摆放							
		⑥无乱涂、乱画、乱写、乱贴							
		此项评分累计							
		加权后得分							
3.工具记录20分	（1）工具	①按规定位置摆放							
		②按规定样式摆放（参照图标）							
		③标示清楚							
		④工具无损坏							
		⑤目视无结尘，无药水凝固物							
		⑥按规定保持工具所用数量（参照图标）							
	（2）文件/记录	①按规定位置摆放							
		②按规定样式摆放（参照图标）							
		③整洁无破损							
		④标示清楚							
		⑤无乱涂、乱画、乱写、乱贴							
		此项评分累计							
		加权后得分							

（续表）

项目	内容	检查标准	实际评分						问题描述
			1区	2区	3区	4区	5区	6区	
4.物品30分	（1）在制品	①按规定位置摆放							
		②按规定样式摆放（参照图标）							
		③标志及状态清楚（主要检查 LOT 卡）							
		④按规定方式装载及存放（参照图标）							
	（2）物料	①按规定位置摆放							
		②按规定样式摆放（参照图标）							
		③按规定保持物料用量（参照图标）							
		④标志及状态清楚							
此项评分累计									
加权后得分									

说明：

1. 每一小项评分为 1 分，凡发现 1 项不符合扣 1 分，被评小组中不适用的评分项目不作评比。

2. 每一项得分计算公式：

　　每项实际得分 ÷ 每项所得总分 × 100 × 每项权重（如环境项是 20 分）＝ 实际得分

3. 各区最后得分 ＝ 环境项得分 + 设备项等份 + 工具项得分 + 物品项得分。

（二）评鉴报告的制作

评鉴组组长根据各个成员的"目视化与 5S 活动评分表"填写"目视化与 5S 活动评鉴结果报告表"，并连同评分表一起上交目视化与 5S 活动推行办公室。

（三）不合格项整改通知

推行委员会对被诊断部门目视化与 5S 活动的工作制度和活动效果进行判定。针对问题事项向评鉴部门发出"目视化与 5S 活动整改措施表"（如表 2-8 所示）。

表 2-8　目视化与 5S 活动整改措施表

不合格点的说明　　　　　　　　　　　　NC 编号：

审核日期：　　　　　　　　　　　　　　　审核员/记录员：

审核地点：　　　　　　　　　　　　　　　违反标准：

改善前照片

	不合格点的说明：

纠正及预防措施纠正人：　　　　　　　　　　纠正日期：

改善后照片

	纠正及预防措施：

跟进结果：

跟进者：

第三章

目视化与5S活动开展的方法

第一节　定置管理

一、定置管理的定义

定置管理是根据安全、品质、效率、效益和物品的特殊要求，研究分析人、物、场所的状况，以及它们之间的关系，并通过整理、整顿、改善生产现场条件，促进人、机器、原材料、制度、环境有机结合的一种方法。简单地说，定置管理就是给每个物品都规定好位置，并划上线。

定置管理起源于日本，由青木龟男始创。他从 20 世纪 50 年代开始，根据日本企业生产现场管理实践，经过潜心钻研，提出了定置管理的概念，后来日本企业管理专家清水千里在应用的基础上，发展了定置管理，把定置管理总结和提炼成了一种科学的管理方法，并于 1982 年出版了《定置管理入门》一书。

灭火器箱和文具的定置分别如图 3-1 和图 3-2 所示。

图 3-1　灭火器箱的定置

图 3-2　文具的定置

二、定置管理的类别

根据定置管理范围的不同，定置管理可分为如表 3-1 所示的五种类型。

表 3-1　定置管理类别

序号	类型	定义
1	全系统定置管理	在企业各系统、各部门内实行定置管理
2	区域定置管理	按工艺流程把生产现场分为若干定置区域，对每个区域实行定置管理
3	职能部门定置管理	各职能部门对各种物品和文件资料实行定置管理
4	仓库定置管理	对仓库内存放物实行定置管理
5	特别定置管理	对易燃易爆、易变质、有毒物品等进行定置管理

三、定置管理应遵循的原则

定置管理应遵循图 3-3 所示的原则。

坚持安全第一的原则	定置物品摆放首先考虑安全，不占用个人作业及安全通道，保证工、器具的放置安全
符合工艺要求的原则	在不影响生产，保证合理工艺流程的前提下，优化现场使用空间，逐步向立体发展

图 3-3　定置管理应遵循的原则

49

符合物流有序的原则	各种定置物品必须保证物流畅通、有序，既不能造成物流混乱，更不能影响正常生产
符合"简化、统一、协调、优化"的原则	定置管理应力争从方案设计到实施都达到标准化、标识化
符合动态管理的原则	所有定置布局都要符合灵活生产的需要，即定置内容、物流控制要相对稳定又有弹性
符合节约的原则	所有定置既要保证生产现场的美化、净化，又要注意实效
符合求同存异的原则	在整体定置点基本一致的前提下，根据各作业点的差异选择最佳定置点
定置管理应做到一致	有图必有物，有物必有区，有区必挂牌，有牌必分类；按图定置，按类存放，账（图）物一致（如图3-4至图3-6所示）

图 3-3　定置管理应遵循的原则（续图）

图 3-4　垃圾桶的定置与灭火器、雨伞、花盆等的定置

图 3-5　办公桌上各种物品的定置

图 3-6　安全帽的定置与对讲机、电池座充的定置

四、定置管理的实施步骤

（一）方法研究

方法研究是开展定置管理的第一个阶段，它是对工作现场现有加工方法、机器设备情况、工艺流程等过程进行分析研究，确定其方法在技术水平上的先进性和经济上的合理性，分析是否需要和可能采取更先进的工艺手段和加工方法，进行改造、更新，从而确定工艺路线与搬运路线，使定置管理实现科学化、规范化和标准化。

（二）分析人、物结合状态

工作场所包括三种状态：A 状态是良好状态，B 状态是改善状态，C 状态是需要彻底改造状态。

这是开展定置管理的第二个阶段，也是定置管理中最关键的一个环节。定置管理的原则是提倡 A 状态、改造 B 状态、清除 C 状态，达到提高工作效率和工作质量的目的。

（三）分析物流、信息流

在生产现场中需要定置的物品无论是毛坯、半成品、成品，还是工装、工具、辅具等都需要按照生产规律流动起来，这种定置物规律地流动与状态变化，被称为物流。

随着物流的变化，生产现场也会出现大量的信息，如表示物品存放地点的路标，表示所取之物的标签，定置管理中表示定置情况的定置图，表示不同状态物品的标牌，为定置摆放物品划出的特殊区域等。随着生产的进行，这些信息也在不断地变化着，当加工件由 B 状态转化为 A 状态时，信息也伴随着物品的流动而变化，这就是信息流。

通过对物流、信息流的分析，不断掌握加工件的变化规律和信息的连续性并对不符合标准的物流、信息流进行改正。

（四）设计定置图

1. 定置图分类

定置图有以下类别，如表 3-2 所示。

表 3-2　定置图分类

序号	类别	说明
1	设备间定置图	要求图片醒目、清晰，且易于修改、便于管理，应将图放大，做成彩色图，悬挂在设备间的醒目处
2	区域定置图	车间的某一工段、班组或工序的定置图，可张贴在班组中
3	办公室定置图	做成定置图板悬挂于办公室的醒目处
4	库房定置图	做成定置图板悬挂在库房醒目处
5	工具箱定置图	绘成定置蓝图贴在工具箱盖内
6	办公桌定置图	统一绘制蓝图贴于办公桌上
7	文件资料柜定置图	统一绘制蓝图贴于资料柜内

2. 定置图绘制的原则

（1）现场中所有物品均应绘制在图上。

（2）定置图绘制以简明、扼要、完整为原则，物形为物品的大概轮廓，按比例计算图上物品尺寸，相对位置要准确，区域划分清晰鲜明。

（3）工作现场暂时没有但已定置并决定制作的物品，也应在图上标示出来，准备清理的无用之物不得在图上出现。

（4）定置物可用标准信息符号或自定信息符号进行标注，并在图上加以说明。

（5）定置图应按定置管理标准的要求绘制，但随着定置关系的变化而修改。

3. 定置图设计注意事项

（1）定置图按统一标准制作。

（2）设计定置图时应尽量按生产组织划分区域，如一个分厂有四个较大的生产工段，就可在定置图上标出四个相应的定置区域。

（3）设计定置图时可先以设备作为整个定置图的参照物，依次划出加工件定置区、半成品待检区、半成品合格区、产成品待检区、合格成品区、废品区、返修品区、待处理区等。

（五）信息媒介物设计

信息媒介物设计包括信息符号设计和示板图、标牌设计。

定置管理就是在进行工艺研究、各类物品停放布置、场所区域划分等时需要运用各种信息符号予以表示，以便人们形象、直观地分析问题和实现目视化管理，企业应根据实际情况设计和应用有关信息符号，并纳入定置管理标准。

1. 信息符号

在设计信息符号时，如有国家规定（如安全、环保、搬运、消防、交通等）则直接按照国家标准设计。如果没有，物业服务企业应根据本行业特点、服务特点进行设计。设计符号应简明、形象、美观。

2. 定置示板图

定置示板图是现场定置情况的综合信息标志，它是定置图的艺术表现形式。

3. 标牌

标牌是指示定置物所处状态、标志区域和指示定置类型的标志，包括建筑物标牌、指示路牌、设备铭牌等。

（六）定置实施

定置实施是定置管理工作的重点，主要包括以下三个步骤。

1. 清除与工作无关之物（整理）

工作场所中凡与工作无关的物品都要清除干净。可制定物品要与不要的判断基准。

2. 按定置图实施定置

各设备间、部门应按照定置图的要求，将设备、器具等物品进行分类、搬、转、调整并予以定位。定置物要与定置图相符，位置要正确，摆放要整齐，贮存要有器具。

3. 放置标准信息铭牌

放置标准信息铭牌（如图 3-7 所示）要做到牌、物、图相符，设专人管理，不得随意挪动。要以醒目和不妨碍操作为原则。

图 3-7　定置的实施工作

【实例 01】

办公区域定置标准		
区域	放置物品	放置标准
桌面以上	日清表	放置于文件架右侧，与文件夹平行
	文件架	（1）置于卡座标示旁，文件架与卡座标示对齐，整体与屏风垂直对齐 （2）文件架最上层放置重要不紧急事项，中间层放置紧急不重要事项，最下层放置重要紧急事项，并贴上相应标签 （3）文件架除放置文件外，不得放置其他物品
	笔筒、水杯、胶水、便利贴、订书机	（1）笔筒、水杯、胶水等物品放置方式有两种：第一，放置于文件架内侧位置，并靠近屏风；第二，放置于文件盒内侧位置，并靠近屏风。放置顺序依次为笔筒、胶水、便利贴、水杯（杯柄朝外）、订书机

（续表）

区域	放置物品	放置标准
桌面以上	笔筒、水杯、胶水、便利贴、订书机	（2）笔筒内部物品放置方式：第一格放铅笔、圆珠笔、签字笔，笔头朝上靠右，此格置于外侧，便于拿取；第二格放剪刀、涂改液，此格置于内侧靠屏风。单格处（四层）的放置方式：第一层放橡皮擦，第二层放订书针，第三层放别针，第四层放大头针
	工作本	放于文件架左侧、笔筒前面，并与文件架平行
	日历	放置于计算机显示器右侧后方靠近屏风位置，以不影响查看为宜
	计算机显示器、鼠标	显示器与直角屏风成45度放置，鼠标放置于显示器前右侧位置，以伸手可使用为标准
	键盘	放置于键盘架上或摆放于显示器前（根据个人使用习惯摆放，但必须摆放整齐、无明显灰尘）
	电话	置于显示器左侧或右侧位置，与屏风成直角放置，以坐姿伸手可拿取为准
	电话单	使用A4硬胶套封装，靠近屏风与电话，并保持可视，前面无遮挡物
	计算器	两种放置方式：第一，置于电话单旁边，与屏风垂直放置；第二，置于抽屉第一层或第二层（根据使用频率决定采取哪一种放置方式）
	文件盒、文件夹	（1）文件盒放置于屏风一侧处，文件夹放置于文件盒内 （2）文件盒内除放置文件外，不得放置其他物品 （3）文件夹标识统一，不得使用手写标识，文件夹内资料需符合文件夹标识内容
桌面以下	计算机主机	与挡板平行放置，并靠近挡板，表层不得有灰层
	抹布	放置于计算机机箱上部；如果是笔记本电脑，则放置于笔记本显示器后面（笔记本开启状态时）
	垃圾桶	放置于一侧挡板边上，靠近挡板外侧
办公柜、抽屉	办公柜 上层	一个月左右使用一次的办公资料、办公物品
	办公柜 下层	三个月左右使用一次的办公资料、办公用品及私人物品
	抽屉 上层	临时需要处理资料、办公资料、办公用品
	抽屉 中层	办公用品、办公资料
	抽屉 下层	私人物品

（续表）

区域	放置物品	放置标准
文件柜		（1）文件柜内仅放置三个月以上、一年以下使用的资料、表单、样品等物品，超过一年以上不再使用但仍需保存的物品存放于仓库中 （2）文件柜右侧角落标识使用部门、责任人 （3）文件柜左侧门的上侧，标识文件柜内存储的物品名称、种类、年份等信息
待机屏保		待机屏保必须设置为公司统一制作的屏保，并将屏保等待时间设置为三分钟

说明：本规范适用于办公区域各部门及品质管理部、塑胶模具部办公区。

【实例 02】

某物业项目设备房定置画线标准

一、地面通道线、区域划分线

1. 线型

（1）A 类——黄色油漆实线

线宽 60 毫米：原则上用于物品定位线；

线宽 80 毫米：原则上用于设备区域线；

线宽 120 毫米：原则上用于主通道线。

（2）B 类——黄色油漆虚线，线宽 60 毫米，适用于大型工作区域内部划分线，允许穿越的通道线（可虚实结合）。

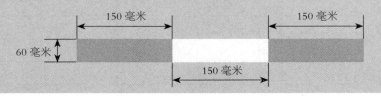

（3）C类——红色实线：线宽60毫米，为废弃物摆放区的划分线（碰到三面围墙处，在出口处地面划一条红色实线）。

（4）D类——黄色与黑色组成的斜纹斑马线（倾斜45度），适用于危险品区域线、警示区域线、消防通道线。

2. 定位线

（1）A类——设备的定位：所有设备与工作台的定位均用黄色四角定位线，工作台的四角定位线的内空部分注明"××工作台／设备"字样。

（2）B类——废弃物品区定位：适用于废弃物的回收桶、箱、放置架，用红色线标识，如果定位范围小于40厘米×40厘米，则直接采用封闭实线框定位。

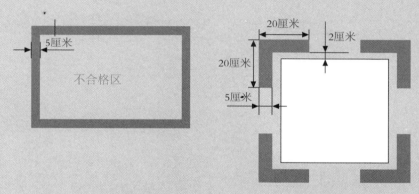

（3）C类——消防器材、油类、化学品等危险物品的定位使用红白警示定位线。

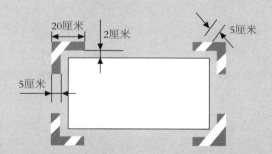

（4）D类——物料码放架与形状规则的常用物品、所有可以移动或容易移动的设备的定位，使用黄色四角定位线。

（5）E类——消火栓、配电柜等禁放物品的开门区域处的定位，使用红白相间的斑马式填充线。

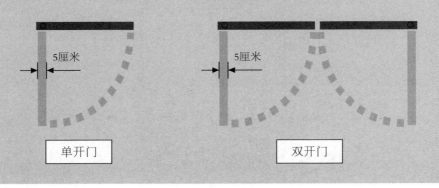

说明：填充线宽5厘米，空白线宽5厘米，45度倾斜；区域长度与消火栓保持一致、宽度30厘米左右。

说明：填充线宽5厘米，空白线宽5厘米，45度倾斜；区域长度与配电箱保持一致、宽度为门的半径。

（6）F类——货架的定位。

非通道

20厘米

2厘米

5厘米

5厘米

5厘米

5厘米

5厘米

5厘米

通道

（7）G类——门开闭线。

5厘米

5厘米

单开门

双开门

（8）H类——警示范围线，适用于设置在墙面的消火栓、配电柜、配电箱、电气控制柜等；提醒作业操作注意的区域、提醒行走注意的区域、提醒碰头的部位等。

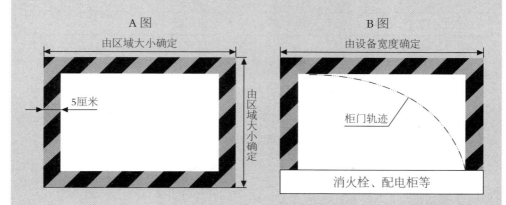

（9）I类——台面物品定位，适用于各种办公用具、工具等。

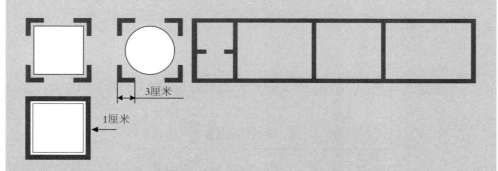

二、通道划线

类别	通道宽度	通道线			区域形成方式	转弯处
		颜色	宽度	线型		
车道主通道	2.0～2.5米	黄色	100毫米	实线	以主大门中心线为轴线对称分布	300毫米斜线
内部货流通道	1.0～1.5米	黄色	80毫米	实线	以通道最宽处中垂线为对称分布	300毫米斜线

（续表）

类别	通道宽度	通道线			区域形成方式	转弯处
		颜色	宽度	线型		
内部人流通道	0.8 ~ 1.0 米	黄色	80 毫米	实线		
临时通道	0.8 ~ 1.0 米	黄色	60 毫米	斑马线		

三、刷油漆的注意事项

因计算机、手机等设备显示效果与实际颜色有一定的偏差，可根据各种颜色（明黄色、天蓝色、大红色、标准绿色）的实际效果调配颜色，但要求与计算机所显示的色样效果接近，且在公司内部保持一致。

四、工具标识牌

公司统一订制工具柜、模具架、物品柜标识牌（贴在柜门左上角），标明工具类别和负责人。

＿＿＿ ×× 工具 ＿＿＿

责任人：
类　别：（1）＿＿＿＿＿＿＿＿
　　　　（2）＿＿＿＿＿＿＿＿
　　　　（3）＿＿＿＿＿＿＿＿
　　　　（4）＿＿＿＿＿＿＿＿

尺寸：90×60毫米

△以上规定各单位在具体执行时可作细微调整，如一些只需标识名称的简单场合可自行打印制作标识牌，但要求醒目、美观，力求做到单位内部统一。

五、物料标识牌

内部的物料放置点、待加工和已加工物料放置点的物料标识牌标识物料名称、数量、规格及最大上限。

物料标识牌			
名称		规格	
数量		批号	

六、区域标识牌设置

名称	规格尺寸	材料	版面	放置方式
工位	300×200 毫米	金属或塑料	白底蓝字	悬挂放置
设备状态标识	200×150 毫米	铝塑或泡沫	正常运行（绿色）故障维修（红色）停用保养（黄色）	悬挂放置
安全重要区域标识	400×300 毫米	金属或铝塑	"安全重点区"字样	醒目位立式放置
区域标识	300×200 毫米	金属或塑料	白底蓝字（废品：用红字）	立式放置

七、其他注意事项

（1）垃圾桶不靠墙定点存放，定时清理，不得外溢和积压。

（2）工作场所定置图要规划和显示出设备区、通道、在制品周转地、垃圾存放点以及其他。

（3）在工作现场内，凡定置图中未注明的设施和物品应予以清除，做到图物相符。

（4）设备间的窗户不能悬挂窗帘或其他障碍物。

（5）休息区有明确的定置与标语。

第二节　油漆作战

油漆作战就是给地板、墙壁、机械设备等涂上新颜料。

一、油漆作战的实施步骤

油漆作战的实施步骤如图3-8所示。

图3-8　油漆作战的实施步骤

（一）制订油漆作战计划

这一步骤包括以下内容。

（1）决定刷漆区域、刷漆对象等。

（2）对处理前的状况进行拍照。

（3）规划区域、通道，决定用漆的颜色。

（4）准备工具、材料。

（5）参与人员的责任分配。

（6）学习刷漆方法等。

（二）示范区试验

在全面刷漆（如图3-9所示）之前，要选定一个示范区域或示范设备按照事先规定的标准进行试验。其目的是确认计划阶段制定的标准是否合适，试验后可在听取多方意见的基础上进一步完善标准。

图3-9　刷油漆

（三）油漆作战全面展开

根据修改后的计划具体实施涂刷油漆活动，需注意以下几个问题。

（1）选择合适的时间，不要影响生产活动的正常进行，如可以选择在周六进行。

（2）注意在刷漆之前要彻底清洁刷漆对象，刷漆对象上不能有灰尘、油污、铁锈、废渣等杂物。

（3）做好刷漆过程中的安全防范工作，特别是要求员工掌握接触油漆溶剂时的注意事项，严防火灾发生。

（四）活动总结

做好油漆作战前后的对比总结工作，起到总结经验和鼓舞人心的作用。

二、刷油漆的流程与方法

刷漆流程如图 3-10 所示。

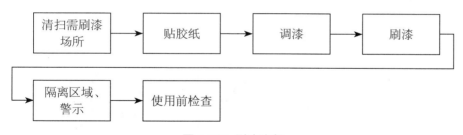

图 3-10　刷漆流程

（一）地面／表面清理

（1）将需刷漆场所的垃圾清理干净。

（2）用铲刀把崩裂的旧漆铲去，打磨铁板的铁锈。

（3）用拖把和抹布将灰尘污迹擦干净。

要点：地面需干净、无灰尘沙粒，并保持干燥无水。

（二）刷漆区域贴胶纸

根据刷漆需要，在刷漆部位的边缘用胶纸贴出线条轮廓。为防止非刷漆部位被油漆污染，应用旧报纸、胶带等进行遮挡或覆盖。

要点：胶纸要贴紧，以避免油漆渗入形成"毛边"。

（三）调漆

用适当的容器，将漆、固化剂（油宝）、天拿水按一定比例配好，混合后搅拌均匀（时间为 10 分钟左右）。停留 30 分钟使其有充分的化学反应时间。

推荐比例1：漆（A）+固化剂（B）+天拿水（C）=3：1：1.5。常用于装配车间、现场办公室。

推荐比例2：漆（A）+固化剂（B）+天拿水（C）=4：1：2。常用于加工车间、库房。

在铁板上刷漆时，天拿水比在水泥地板上略多一些，必要时应先进行局部试验。

（四）刷漆

（1）大面积刷漆

采用滚动刷法，用滚动刷在地面滚均匀，一般要滚 3 次以上。此法方便快捷，但漆会厚一些。刷后 24 小时方可使用设备。

（2）修补或刷线

采用刷子刷法（如图 3-11 所示），用刷子把地面刷均匀，油漆不能太厚。此法较慢，但效果较好。刷后 12 小时可通行。

图 3-11　刷油漆

（1）刷漆过程中，每隔 10 分钟就要将容器中的漆再搅一遍，防止沉淀。

（2）若 12 小时内要使用设备，漆一定要刷薄。

（五）刷完后提示

刷完后场所应设置路障隔离，并设立"油漆未干"的标识牌（如图3-12至图3-13所示），防止踩踏。

图3-12 "油漆未干"标识牌

图3-13 用围栏围住并挂上"油漆未干、请勿靠近"的标识牌

（六）使用前检查

刷后12小时，检查通道可否使用。

（1）用手按，不粘手，且无陷入的指纹状，说明油漆基本干了，行人可通行。

（2）用拇指指甲用力划，无明显划痕，说明油漆已干，叉车可通行。

（七）注意事项

（1）刷前地面无灰尘、垃圾；在对设备、用具刷漆前，地面铺上纸张，防止油漆滴到地面上。

（2）油漆未干前，设置必要路障及提示，严禁行人踩踏，动力车禁止通行。

（3）一定要按比例调漆，且停留30分钟后方可使用。

65

（4）金属（如铁板）的表面及水泥地板均可用磁性漆。

（5）一瓶油漆（约为4升）配合油宝（每瓶约1.2～1.4升）和天拿水（每瓶约4升），若无任何浪费，可刷面积40平方米。

（6）油宝为固化剂，作用是让漆固化附着在物体上，并让漆干后能有光泽。若太少则无光泽，若太多漆会较硬，容易剥落。

（7）天拿水主要为了帮助漆挥发，便于快干，同时也让刷漆更顺畅。若天拿水太少，漆很难刷均匀，易出现一团一团的块状，此时需加入天拿水再行调配；若天拿水太多，刷漆就会过于顺畅，漆会流动，从而出现因流动而产生的漆痕，此时需加些油宝。

（8）购买漆时应注意有效期，有效期以外的漆很难凝固。

（9）购买漆时应注意所需的颜色，尽可能直接购买接近所需颜色的漆。

（10）在铁板上刷漆时一般用毛刷，常用的有5厘米、3厘米或2厘米的毛刷。在地板、墙面上刷漆时常用滚筒式。

三、地板的油漆作战要领

墙壁刷漆相对来说比较简单，这里主要讲述一下地板。

（一）地板颜色选择

地板的油漆作战需利用颜色区分用途。在作业区刷利于作业的颜色的漆，在休闲区则刷让人感到舒适、放松的颜色的漆（如表3-3所示）。

表3-3　地板颜色

场所	颜色
作业区	绿色
通道	橘色或荧光色
休闲区	蓝色
仓库	灰色

（二）画线要点

决定地板的颜色后，接下来是将这些区块予以画线。画线要注意以下五点。

（1）既可使用油漆，也可以使用有色胶带或压板。

（2）从通道与作业区的区划线开始画线。

（3）决定右侧通行或左侧通行（最好与交通规则相同，即右侧通行）。

（4）出入口的线采用虚线。

（5）对现场中要注意之处或危险区域可画相关标记。

（三）区块画线

把通道与作业区区分开的线称为区块画线。通常是以黄线表示，也可以用白线。实施要点有如下四点。

（1）画直线。

（2）清楚醒目。

（3）减少角落弯位。

（4）转角要避免直角。

也就是说，画直线要有一定宽度，转角时要用弯角。

（四）出入口线的画线要点

勾画出人能够出入的区域的线被称为出入口线。用黄线标示，不可踩踏。画线要点有以下三点。

（1）区块勾画线是实线，出入口线是虚线。

（2）出入口线主要是为了确保此场所的安全。

（3）从作业者的角度设计出入口线。

（五）通道线的画线要点

通道线与交通规则相同，靠右通行。画线要点如下。

（1）有黄色或白色箭头。

（2）在一定间隔处或角落附近，不要忘记楼梯处（如图3-14所示）。

（六）老虎标记的画线要点

老虎标记（如图3-15所示）是指黄色与黑色相间的斜纹组成的线。

需画老虎标记的地方包括通道的瓶颈处、横跨通道处、台阶处、电气感应处、起重机操作处、头上有物处、机械移动处。

图3-14　上楼梯、下楼梯画线和箭头

图 3-15　地板刷上油漆和画上老虎标记

画线要点有以下两点。

（1）老虎标记要能够清楚看到。可用油漆涂上或贴上黑黄相间的老虎标记胶带。

（2）通往通道的瓶颈处要彻底修整保证畅通。

（七）置物场所线的画线要点

放置物品的地方称为放置场所。标示放置场所的标线即置物场所线，其画线要点包括以下三点。

（1）清理出半成品等的放置场所。

（2）清理出作业台、台车、灭火器等的放置场所。

（3）明确各区域画线的颜色、宽度和线型。

第三节　颜色管理

颜色管理就是根据物品的"色彩"判定物品的属性、性质及特点的目视化管理方法，如图 3-16 所示。

图 3-16 各类型的管道井盖用颜色区分

一、颜色管理的作用

颜色管理是利用人们对色彩的分辨能力和特有的联想能力，将复杂的管理问题简化成不同的色彩，反映问题的本质和问题改善的情况。其作用如下。

（1）根据物品的颜色判定其性质、属性及特点等。

（2）易于识别，一目了然。

（3）借助标准和工具定义设施设备的颜色种类，便于人们用语言或文字进行表达。

二、颜色管理的特点

（1）利用人对颜色的敏感进行管理。

（2）是用眼睛看得见的管理。

（3）分类管理。

（4）调节工作场所的气氛，消除工作的单调感。

如图 3-17 所示，透明的玻璃门加上有颜色的线条可起到警示的作用。如图 3-18 所示，停车场柱子上涂上不同的颜色以便划分不同区域。

图 3-17 透明的玻璃门加上有颜色的线条和标识

图 3-18 停车场柱子上涂上不同的颜色以便划分不同区域

三、颜色管理的应用原则

颜色管理的应用原则如图 3-19 所示。

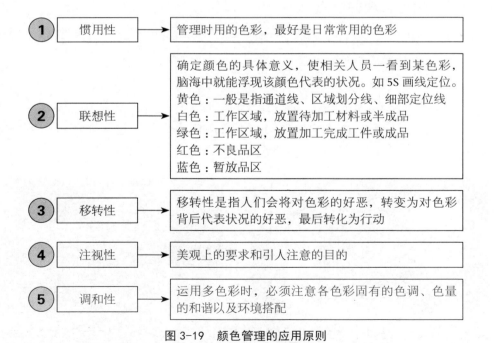

图 3-19 颜色管理的应用原则

四、颜色管理的应用手法

（一）颜色优劣法

绿色 > 蓝色 > 黄色 > 红色

1. 生产管制

依生产进度状况，用不同的颜色来表示。

绿灯表示准时交货。

蓝灯表示延迟但已挽回。

黄灯表示延迟一天以上但未满两天。

红灯表示延迟两天以上。

2. 品质管制

品质水准的高低用颜色进行区分。

绿色表示合格率为 95% 以上。

蓝色表示合格率为 90% ～ 94%。

黄色表示合格率为 85% ～ 89%。

红色表示合格率为 85% 以下。

3. 开发管理

将新项目的开发进度与目标进度进行比较，以不同颜色表示，用来提醒研发人员注意工作进度。

4. 外包企业评估

绿灯表示"优"。

蓝灯表示"良"。

黄灯表示"一般"。

红灯表示"差"。

5. 生产安全

用颜色表示每日安全状况。

绿色表示无伤害。

蓝色表示极微伤。

黄色表示轻伤。

红色表示重伤。

6. 员工绩效管理

依员工的综合效率，以颜色区分显示，目的是激励员工提升士气。

绿色表示效率在 85% 以上。

蓝色表示效率为 70% ～ 84%。

黄色表示效率为 60% ～ 69%。

红色表示效率在 60% 以下。

7. 费用管理

把费用开支和预算标准进行比较，用不同的颜色表示其差异程度。

8. 开会管理

准时与会者为"绿灯"。

迟到 5 分钟以内者为"蓝灯"。

迟到 5 分钟以上者为"黄灯"。

无故未到者为"红灯"。

9. 宿舍管理

每日将宿舍内务整理、卫生状况等情况以不同的颜色进行表示，以确定奖惩。

（二）颜色层别法

一般而言，只要掌握色彩的惯用性、颜色鲜明性及对应的意义，就能发挥颜色管理的效果。

1. 重要零件的管理

每月进货用不同的颜色表示，如1月、5月、9月进货者用"绿色"；2月、6月、10月进货者用"蓝色"；3月、7月、11月进货者用"黄色"；4月、8月、12月进货者用"红色"。

根据不同颜色控制货物或材料的先进先出，并可调整安全存量及提醒处理呆滞品。图 3-20 是某公司不同月份的材料的颜色标签。

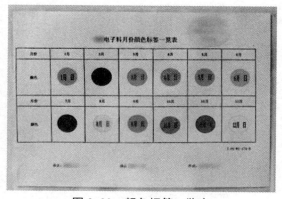

图 3-20　颜色标签一览表

2. 油料管理

各种润滑油用不同颜色区分，以免误用。

3. 管路管理

对各种管路刷上不同颜色的油漆，以便区分及维护保养。图 3-21 是某工厂管道的颜色区别：有机废水管被刷成蓝色；废酸管被刷成红色；综合废水管被刷成白色；可回用水管被刷成灰色。图 3-22 显示的是消防用管道涂红色，图 3-23 显示的是市政供水管道涂蓝色。

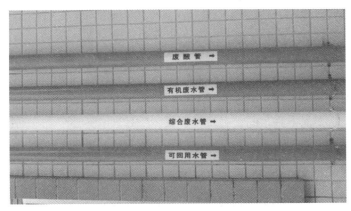

图 3-21   各种管路的油漆颜色不同

图 3-22   消防用管道涂红色   图 3-23   市政供水管道涂蓝色

4. 人员管理

不同工种和职位的员工分别佩戴不同颜色的头巾、帽子和肩章。

绿色肩章者为作业员。

蓝色肩章者为仓管员。

黄色肩章者为技术员。

红色肩章者为品管员。

5. 卷宗管理

依不同分类使用不同颜色的卷宗，如准备红、黄、蓝、绿四种不同颜色的文件资料夹。

红色代表紧急、重要的文书资料，即需优先、特别谨慎处理的。

黄色代表紧急但不那么重要的文书资料，即可次优先处理。

蓝色代表重要但不紧急的文书资料，可稍后处理。

绿色代表不紧急、不重要的文书资料，可留到最后处理。

（三）颜色心理法

依据人们对色彩的注视性、调和性、联想性和偏好性这四种特点营造出来的心理愉悦和独特感觉进行管理的方法就是颜色心理法，具体应用如表3-4所示。

表3-4　★颜色心理法的应用

作业现场	颜色	效果
墙壁	水蓝色	松弛
地板—通道	深绿色	抚慰、顺畅
工作区	蓝色	安静，恢复体力
警示线	黄色直线	不越雷池一步
不良品区	红色	提醒注意
机器操作危险部分	黄色	注意安全
员工休息区	浅绿色	抚慰，恢复平静

【实例03】

某住宅小区设备机房颜色管理方案

一、高压配电房、低压配电房的颜色方案

高压配电房、低压配电房内主要有配电柜、控制柜、电缆槽架以及吊架等设施设备。各部分颜色方案情况见下表。

高压配电房、低压配电房的颜色方案

序号	名称	颜色	使用材料
1	地面	浅灰色	地坪漆
2	柱体、内墙面	米黄色	乳胶漆
3	天花板	白色	乳胶漆
4	配电柜、控制柜、电缆槽架	本色	—
5	警示线	黄色	地坪漆
6	吊架	灰色	防锈漆

注：电柜前1米处地面设置警示线，线宽5厘米。

二、变压器房的颜色方案

变压器房内主要有变压器、设备底座、吊架等设施设备。各部分颜色方案情况见下表。

变压器房的颜色方案

序号	名称	颜色	使用材料
1	地面、设备基础平台	浅灰色	地坪漆
2	柱体、内墙面	米黄色	乳胶漆
3	天花板	白色	乳胶漆
4	变压器	本色	—
5	设备底座	银灰色	防锈漆
6	吊架	灰色	防锈漆
7	警示线	黄色	地坪漆

注：变压器前1米处地面设置警示线，线宽5厘米。

三、发电机房的颜色方案

发电机房内主要有发电机、控制箱、开关箱、烟囱、吊架等设施设备。各部分颜色方案情况见下表。

发电机房的颜色方案

序号	名称	颜色	使用材料
1	地面、设备基础平台、踢脚线	浅啡色	防滑耐磨砖
2	柱体、内墙面	米黄色	乳胶漆
3	天花板	白色	乳胶漆
4	发电机、控制箱、开关箱	本色	—
5	烟囱、吊架	灰色	防锈漆

四、泵房的颜色方案

泵房内主要有生活水泵、潜水泵、生活给水管、管道阀件以及设备底座、支架、吊架等。各部分颜色方案情况见下表。

泵房的颜色方案

序号	名称	颜色	使用材料
1	地面、设备基础平台、踢脚线	浅啡色	防滑耐磨砖
2	柱体、内墙面	米黄色	乳胶漆
3	天花板	白色	乳胶漆
4	水泵电机、生活水泵，控制箱、开关箱、联轴器、阀门、潜水泵电机、排污阀	本色	—
5	生活给水管	蓝色/本色	蓝色油漆
6	设备底座、支架	银灰色	防锈漆
7	吊架	灰色	防锈漆

五、水箱区的颜色方案

水箱区主要有不锈钢生活水箱、给水管、管道阀件和支架、吊架等设施设备。各部分颜色方案情况见下表。

水箱区的颜色方案

序号	名称	颜色	使用材料
1	地面、设备基础平台、踢脚线	浅啡色	防滑耐磨砖
2	柱体、内墙面	米黄色	乳胶漆
3	天花板	白色	乳胶漆
4	不锈钢生活水箱、阀门	本色	—
5	管道	蓝色／本色	蓝色油漆
6	支架	银灰色	防锈漆
7	吊架	灰色	防锈漆

六、锅炉房的颜色方案

锅炉房主要有锅炉本体、水泵、管道、管道阀件等设备，以及设备底座、支架、吊架。各部分颜色方案情况见下表。

锅炉房的颜色方案

序号	名称	颜色	使用材料
1	地面、设备基础平台、踢脚线	浅啡色	防滑耐磨砖
2	柱体、内墙面	米黄色	乳胶漆
3	天花板	白色	乳胶漆
4	锅炉本体、水泵及电机、阀门	本色	—
5	管道	本色	保温材料的颜色
6	设备底座、支架	银灰色	防锈漆

七、冷冻机房的颜色方案

冷冻机房内主要有冷冻主机、集水器、分水器、冷冻水泵、冷却水泵、冷冻水管、冷却水管、管道阀件、设备底座及支架、吊架等设施设备。各部分颜色方案情况见下表。

冷冻机房的颜色方案

序号	名称	颜色	使用材料
1	地面、设备基础平台、踢脚线	浅咖色	防滑耐磨砖
2	柱体、内墙面	米黄色	乳胶漆
3	天花板	白色	乳胶漆
4	冷冻主机、水泵电机、水泵、阀门	本色	—
5	冷冻水管、集水器、分水器	本色	保温材料的颜色
6	冷却水管	蓝色	油漆
7	设备底座、支架	银灰色	防锈漆
8	吊架	灰色	防锈漆

八、空调机房的颜色方案

空调机房内主要有空调机、风管、冷冻水管、阀门以及设备底座、支架、吊架等。各部分颜色方案情况见下表。

空调机房的颜色方案

序号	名称	颜色	使用材料
1	地面、设备基础平台、踢脚线	浅咖色	防滑耐磨砖
2	柱体、内墙面	米黄色	乳胶漆
3	天花板	白色	乳胶漆
4	空调机、阀门、新风引入管	本色	—
5	冷冻水管、空调送风管	本色	保温材料的颜色
6	设备底座、支架	银灰色	防锈漆
7	吊架	灰色	防锈漆

注：所有管道标识的文字和箭头喷刷白色油漆，管道的文字为宋体，字体大小按管道直径的 0.5 倍考虑，箭头的方向以水的流向为准，箭头的长度按管道直径考虑，对于管道直径≤80 毫米，箭头长度为管径的 2 倍；对于管道直径＞80 毫米，箭头长度为 200 毫米。

九、冷却塔区的颜色方案

冷却塔区内主要有冷却塔、冷却水管、阀门及支架等设施设备。各部分颜色方案情况见下表。

冷却塔区的颜色方案

序号	名称	颜色	使用材料
1	地面、设备基础、冷却塔，阀门	本色	—
2	冷却水管	蓝色	油漆
3	支架	银灰色	防锈漆

十、消防控制中心的颜色方案

消防控制中心内主要有监视器、监视器机柜、操作台、消防联动柜、烟感报警装置等设施设备，各部分颜色方案见下表。

消防控制中心的颜色方案

序号	名称	颜色	使用材料
1	地面	白色	防静电地板
2	柱体、内墙面	米黄色	乳胶漆
3	天花板	白色	铝扣板
4	监视器、烟感报警装置	本色	—
5	监视器、操作台、消防联动柜	浅灰色	油漆

十一、消防水泵房的颜色方案

消防水泵房内主要有消火栓泵、喷淋泵，潜水泵、控制箱、消防水管、管道阀件、设备底座以及支架、吊架等。各部分颜色方案情况见下表。

消防水泵房的颜色方案

序号	名称	颜色	使用材料
1	地面、设备基础平台、踢脚线	浅啡色	防滑耐磨砖
2	柱体、内墙面	米黄色	乳胶漆
3	天花板	白色	乳胶漆
4	消火栓泵及电机、喷淋泵及电机、控制箱、阀门、潜水泵	本色	—

（续表）

序号	名称	颜色	使用材料
5	消防水管	红色	油漆
6	支架	银灰色	防锈漆
7	吊架	灰色	防锈漆

十二、电梯机房的颜色方案

电梯机房内主要有电梯曳引机、电机，控制柜、线槽、开关箱、设备底座等。各部分颜色方案情况见下表。

电梯机房的颜色方案

序号	名称	颜色	使用材料
1	地面，设备基础平台	浅灰色	地坪漆
2	柱体、内墙面	米黄色	乳胶漆
3	天花板	白色	乳胶漆
4	电梯曳引机、电机、控制柜、线槽、开关箱	本色	—
5	设备底座	灰色	防锈漆

十三、中央控制室的颜色方案

中央控制室包括消防控制中心，其颜色的配置可与消防控制中心保持一致。

十四、电信网络机房的颜色方案

电信网络机房主要有 UPS 电源设备、设备机柜、交换机、路由器等网络设备以及配线架等。各部分颜色方案情况见下表。

电信网络机房的颜色方案

序号	名称	颜色	使用材料
1	地面	白色	防静电地板
2	柱体、内墙面	米黄色	乳胶漆

（续表）

序号	名称	颜色	使用材料
3	天花板	白色	铝扣板
4	UPS 电源设备、交换机、路由器、配线架	本色	—
5	设备机柜	浅灰色	油漆

第四节　标识

物业服务企业只有精心维护好物业项目中的各类设施，使用好各类标识，才能为广大业主（用户）创建出安全、整洁、方便、文明的物业环境，服务好业主（用户）。物业项目中的各类标识如图 3-24 至图 3-27 所示。

图 3-24　外墙上雨水管道标识　　图 3-25　燃气管道位置标识

图 3-26　楼宇总平面图

图 3-27　楼栋前的各类标识

一、物业项目中标识的对象

（一）楼宇的物业本体标识

楼宇的物业本体标识即物业本体房屋结构设计固有的功能布局标识，其包括五类，具体如表 3-5 所示。

表 3-5　楼宇的物业本体标识

序号	类别	具体说明
1	楼层标识	如 B1F、1F、10F 等，常布设在楼层、楼梯间、走道内
2	区域标识	如某室、某座、某区、某号、某街、邮政邮编等，常固定在写字楼立面、楼层公共区域、房间主门区域

（续表）

序号	类别	具体说明
3	功能标识	如卫生间、吸烟区、强电井、弱电井、电梯机房、冷气操作间、会客区、残疾通道、商务中心、购物中心、康乐中心、阅览室、礼品部、餐厅等，固定在功能区的主出入口处或门上
4	公司的名牌标识	如水牌，一般设在大堂或各楼层
5	平面引导标识和消防安全疏散标识	一般设在各区主出入口和消防安全通道楼梯口处

（二）物业设备设施标识

由于物业区域的机电设备复杂、种类繁多，对正常运转的可靠性要求又高，因此正确标识各类设备设施、管路性质、阀门状态，在突发机电设备事故时能够缩短处理时间，赢得宝贵时机，就显得尤为重要。设备标识一般按系统分为电梯系统、消防系统、给排水系统、锅炉供热系统、空调制冷系统、变配电系统、安全监控系统、停车场管理系统、卫视接收系统、电话电视系统等。

1. 电梯标识

电梯标识的类别及说明如表3-6所示。

表3-6　电梯标识的类别及说明

序号	类别	具体说明
1	名称标识	含电梯自编号、品牌、停层区域、开放时间、安检日期、荷载量、梯速等参数
2	电梯控制状态标识	含操纵厢内检修／运行、群控／独立、运行开／关、轿内照明开／关、井道照明开／关、年安检合格证等
3	机房内设施标识	含曳引机、控制屏、盘车工具、配电屏、消防厢、限速器等
4	指示标识	如轿内停层指示、楼层指示、层站召唤、运行方向发光指示

2. 消防设施标识

消防设施标识的类别及说明如表3-7所示。

表 3-7　消防设施标识的类别及说明

序号	类别	具体说明
1	主机及设备标识	含消防控制主机、网络机、消防广播、手动控制屏、界面控制台、电梯迫降控制屏、双电源配电屏、传输泵、消火栓泵、喷淋泵、应急救生器具柜、消火栓厢、钢瓶组、防火卷帘门、破玻报警器、警笛、给排风机组等标识应要能说明设备生产商、设备性能、主要技术参数、自编号、维护状态、可控制区域、维护电话等
2	引导标识	含紧急疏散示意图、安全出口引导灯、消防电梯引导灯、避难层引导灯、消火栓引导灯等。应安装布置在通道出入口、功能区前方醒目处，要求符合消防规范，有双电源供给。消防疏散图应张贴在各区域出口门背面
3	管路标识	含消防水池水箱、自动喷淋管路、消火栓控制管路、消防接合器等。以红色色标为主，另需在管路中标注流向、管路性质
4	状态标识	含排风控制标识、正压送风控制开/关状态标识、消防泵、消火栓泵、传输泵启动/停止标识、各类消防阀门开/关状态标识、压力表、流量器具检测标识等

3. 给排水系统标识

给排水系统标识如表 3-8 所示。

表 3-8　给排水系统标识

序号	类别	标识
1	设备标识	包括生活水池、水箱、生活水泵、过滤器、容积热水器、快速热水器、自控系统控制屏、污水处理反应器、控制器、雨水排放自控泵等。此类标识应考虑设备自编号、名称、型号、运行状况，多以设备标牌及划区形式出现
2	管路标识	以色标标识为主，区分管路介质给水管路、排水管路分别以绿色和黑色色标加流向及字标形式标识
3	状态标识	包括水泵的投用状态、补水流量、扬程、污水处理的处理流量、排放速度、阀门的开/关状态、管路额定工作压力、计量器具的校验标识等

4. 锅炉供热系统

锅炉供热系统标识如表 3-9 所示。

表 3-9　锅炉供热系统标识

序号	类别	标识
1	设备标识	包括锅炉、除氧器、软水箱、冷凝水箱、分气缸、储油罐、齿轮泵、补水泵、控制屏等，多以设备标牌、设备卡形式出现
2	管路标识	以色标标识为主，原水管路为绿色标识、软水管路以绿色为底加白环标识、回水管路以绿色为底加红环标识、排污管路以黑色标识、蒸汽管路以红色标识、油管以橙色标识
3	状态标识	含压力大/小设定、控制阀门开/关状态、回水温度的高/低、用油流量大/小、计量器具校验后状态等

5. 空调制冷系统

空调制冷系统标识如表 3-10 所示。

表 3-10　空调制冷系统标识

序号	类别	标识
1	设备标识	含铭牌、设备编号等参数，设备有制冷机组、冷冻循环泵、冷却循环泵、冷却塔、分集水器标识、热交换器热循环泵、冷凝水箱、电器控制屏等
2	管路标识	以色标、字标、流向为主，包括冷冻水管为蓝色、冷却水管为绿色、补水管为绿色、排污管为黑色、蒸汽管为红色、热水管为绿底蓝环
3	状态标识	含设备及管路压力大/小设定、控制阀门开/关状态、回水温度的高/低、压差大/小、油温、计量器具校验后状态等

6. 配电系统

配电系统标识如表 3-11 所示。

表 3-11　配电系统标识

序号	类别	标识
1	设备标识	包括变压器、高压开关控制屏、低压开关控制屏、功率因素控制屏、直流控制屏、开关联络柜、副控控制屏、模拟屏等，配电设备标识中应重点反映设备编号和技术参数，以标牌形式张贴在设备醒目处
2	线路标识	含密集型母排、高压电缆、配电电缆等，应反映线路编号、额定电流、绝缘等级，常以标签形式出现
3	状态标识	为表明各负荷开关运行状态，常有备用、检修、投用、断开等标识

（续表）

序号	类别	标识
4	警示标识	为确保维修、值班人员的人身安全或设备安全而设置的挂牌标识，如"禁止合闸，线路有人工作""止步，高压危险""小心，有电""特殊负荷，严禁拉闸"等。一般制作成磁性贴牌或挂牌，悬挂或粘贴在相关的开关或把手处

7. 安全监控系统

安全监控系统标识常有监视器、矩阵控制器、云台控制器、对讲基地台、门禁控制器、红外报警器、不间断电源、录像机、计算机、打印机等，需标明编号、名称、性能、使用人等常见参数。

8. 车场管理系统

车场管理系统常用标识有车位停车感应器、计算机读卡机、计算机计费器、道闸、阻车器等设备。

停车区、引导牌类标牌标识的有效面积应相对较大，可采用灯箱或荧光标牌形式。具体样式如图 3-28 和图 3-29 所示。

图 3-28　地面划线和箭头标识

图 3-29　柱上 A 字区域标识及悬挂标识

（三）交通道路引导标识

交通道路引导标识主要对道路交通起到警示、疏导、告知作用，常用荧光标牌形式制作，单体有效面积较大，标识种类包括弯道、上坡、下坡、限高、限速、禁鸣、避让、单行、禁停、绕行、环行、停车、方向引导标识、机动车、非机动车、车位已满、私家车位、免费停车区、收费停车区、荷载等，如图 3-30 至图 3-32 所示。

图 3-30 交通道路引导标识

图 3-31 车位已满标识

图 3-32 行车通道禁止人行的标识

物业服务企业在根据各写字楼的实际道路交通状况、道路特点制作设置此类标识时，应符合国家相关道路交通安全法规。

（四）安全警告标识

安全警告标识应突出其警示作用，一般以黄色、红色为主色调。

管区内常用的安全警告标识包括"有电危险！""危险！请勿攀越"等。

在天台处设有"请注意！慎防坠落"等标识。

　　雨雪天外场用"地面潮湿、当心跌到！"等标识。

　　施工区用"正在施工，请勿靠近！""正在维修，暂停使用"等标识。

　　危险区常用"下有线路,请勿挖掘！""煤气管路、禁止烟火""高压！止步！""线路有人工作,请勿合闸""注意,当心碰头！""注意！油漆未干""小心！玻璃易碎"等标识以保证相关人员及设施的安全，如图3-33至图3-37所示。

图3-33　电梯维修保养的提醒标识

图3-34　小心夹手的提醒标识牌

图 3-35 提醒人员注意安全的各类标识牌

图 3-36 杜绝高空抛物标识牌

图 3-37 严禁攀爬标识牌

（五）物业温馨提示标识

物业服务企业在小区的公共区域应布置一定数量的公益性标识，以宣传良好风尚，影响使用人行为。例如，在公共卫生间内可设置"节约用水""靠前方便，便后冲洗""节约用电，随手关灯"等标识。

在绿地及公共区域可设置"爱护花草、请勿践踏""依序停放，排列整齐""请勿喧哗""请勿吸烟""吸烟有害健康""珍惜生命，远离毒品"等标识，如图3-38至图3-40所示。

此类标识用语应注意文明礼貌，富有文采和诗意，增强亲和力和感染力，以达到使用人配合遵守的目的。

图3-38　节约用电的标识牌

图3-39　节约用水的标识牌

图 3-40 环境保护方面的温馨提示

（六）流程性标识

流程性标识多采用印章、标签、标牌和记录等形式。如文件的起草、校对、有效、作废、签发、受控等；空关房的验收、合格、待维修、已修复；室内卫生的已清洁、待清洁；库房材料采购的待检验、合格、退货、分类台账记录等。

流程性标识应着重反映可追溯性，即每道工作流程都要有操作人的签名、日期记录、工作结果描述，确保一旦发生质量问题可找到工作缺陷发生段及操作者给予纠正，确保不合格服务不再发生。

（七）文档标识

文档标识是为了方便往来文函收集、整理、归档、查询而设置的，常见标识有：会议纪要、保修登记、发文登记、委托服务、工程联系、房屋设备、管理制度、人事处理、业主委员会、委托管理、接管验收、规划资料、给排水资料、电梯资料、弱电资料、消防资料、供电资料、设备管理、报修回访、权属清册、经济效益、绿化管理、社区建设、车辆管理、批示批复、人力资源、标准样本、设备维保、业主申请等，另有各类评优、评比资料目录。

（八）荣誉标识

荣誉标识主要包括物业项目及物业服务企业获得的各类荣誉，包括奖牌、奖杯、奖品、证书、锦旗等，如图 3-41 和图 3-42 所示，这是社会对物业项目管理水平和服务品质的肯定，应陈列在物业项目视觉中心附近，以起到良好的社会宣传作用。

图 3-41　墙上的荣誉标识

图 3-42　挂在客服中心的荣誉旗

（九）人员标识

人员标识是企业整体形象的体现，包括员工的统一服装、样式、颜色、胸牌、工号牌、肩章、臂章等，如图 3-43 所示。人员标识应款式新颖、质地精良，应能体现员工积极向上的精神面貌。

图 3-43　用不同的服装标识负责不同业务的员工

二、物业标志标识的颜色管理

物业标志标识若没有统一的颜色管理，会给客户留下一种"乱"的感觉，并觉得物业服务企业管理不规范。在物业管理过程中，物业服务企业应对标志标识的颜色进行统一管理。

（一）物业标志标识的常见颜色

物业标志标识的颜色主要有红色、白色、绿色、黄色和蓝色等，分别举例如表 3-12 所示。

表 3-12　物业标志标识的常见颜色

序号	颜色	使用处
1	红色	包括消火栓、消防器械、禁止通行标志、供水流向
2	白色	道路单行线、车位位置、设备房的管道喷涂漆色
3	黄色	车辆导向标识灯箱的出入口标志、防爬管道（或加涂黄油）、人行通道上的管井警示标志、儿童娱乐设施警示标志
4	黄色、绿色	各种草坪中管井的四周处理
5	黄色、绿色、白色	行人导向示意图（黄底绿字）
6	绿色、白色、蓝色	柱面及墙面涂刷导向系统
7	多种颜色	地下停车车库分区配色

（二）标志标识的颜色统一性

一个好的物业项目，往往将开发商的整体构思在项目的出入口处体现出来

（包括岗亭设施、旗杆、出入口标志建筑），在出入口全景展示了开发单位的企业文化。

（1）色彩鲜明统一，便于识别，有助于体现物业管理的功能性，有助于业主的"住"与"行"。色彩的统一性决定了物业的美观性、装修色彩的一致性和风格统一。

（2）统一的风格能强化企业形象，使企业的信息传播更为迅速有效。

（3）业主刚入住小区时，由于对项目不太了解，需要通过标志标识迅速熟悉小区。同时，物业管理者及操作人员面对项目的设施设备经常无从下手。因此，在物业服务企业接管物业后，应有针对性地对标识不全、不清的情况进行完善和弥补，以达到方便业主、方便管理的目的。

三、标识的管理要求及注意事项

（一）标识的制作

（1）标识的管理要按区域、分系统落实到位，明确使用人、责任人。

（2）对物业内外的标识按名称、功能、数量、位置统一登记建册，有案可查。

（3）标识的使用制作应符合国际、国家的相关标准。

（4）标识牌的制作材料要经久耐用，安装牢固且美观。

（5）标识的字体要统一，颜色要和谐美观。

（6）标识牌的安装位置要准确、合适、醒目。

（二）标识的设置

1. 设置地点

（1）导向标识应设在便于人们选择目标方向的位置，并按通往目标的最佳路线布置。如目标较远，可以适当间隔重复设置，在分岔处应重复设置。

（2）提示标识应设在紧靠所说明的设施、单位的上方或侧面。

（3）环境信息标识应设在入口处或场所中最醒目处。

（4）设置多个标识牌时，应按照警告、禁止、指令、提示的顺序，先左后右、先上后下的排列。

（5）印制、粉刷的各种标识应朝向人员能够清楚看到的位置。

（6）各运行设备、设施均用标识牌清晰标识出名称；各运行设备应制作标准的铭牌嵌入、固定或悬挂于明显位置，便于查看和识别。

（7）厂区内道路交通标识须完整，在入口处须有禁止鸣笛、限速标识，在主要路口等公共地方须有引路标识。

（8）交通要道部位要有对车辆限高、限速、禁止鸣笛的标识。标识的张贴如图3-44所示。

图3-44 张贴标识

2. 设置高度

（1）附着式标识。与人的视线水平高度大体一致；略高于人体身高；其他更明显的较高位置，偏移角不宜大于15度，尽可能使观察角接近90度（观察者位于最大观察距离时，最小夹角不低于75度）。局部信息标识可根据具体场所的客观情况确定。

（2）悬挂式。下边缘距地面的高度不宜小于2米，对道路交通标识应按规定的净空高度设置。

（3）柱式设置的下边缘距地面高度宜在2米左右。

3. 安全标识要求

（1）明显位置挂贴"消防示意图""如遇火警,请勿使用电梯"等标识。配电箱、柜上挂"高压危险，请勿靠近"的标识牌。

（2）所有配电室出入口应悬挂"机房重地、非请勿进"的标识牌。

（3）围栏附近须有"请勿靠近"的标识牌，栏杆上须有"请勿翻越"或"禁止攀爬"的标识牌。

（4）按设备名称、设备责任人标识机电设备，标识牌挂贴在设备明显位置。库存物资名称应挂贴于货架或物资上，库房门口应贴上"严禁烟火"的标识牌。

（5）下雨天或在清洁大堂时，应在明显位置放置"小心地滑"标识牌。在施工或维修过程中要有"正在施工，请勿靠近""工作进行中""维修中"等标识牌。

4. 设置的其他要求

（1）各管道的标识牌按标准印制相应的介质名称、物料流向及物料对应色环。

（2）管道架应设置限高标志。

（3）对绿化名称、生长习性、科别和产地进行标识。主要部位设置与植物相符的绿化标识牌，并安装妥当、醒目，标识清晰、完整、干净。

（4）在服务过程中，应根据服务的内容、性质在明显位置设立提示标识牌。服务完毕，撤除提示标识牌。

（5）要将检验不合格的物资与合格物资隔离，并做"不合格物资"标识。

（6）办公区域的划分须有部门标识。

（三）标识的管理

（1）标识管理要做到定期检查、定期清洁，对状态标识要经常验证，若损坏丢失应及时更换增补。

（2）物业服务企业对重要标识要建立巡场检查交接制度，特别是在雨雪天，要安排专人对一些警示标识进行检查落实。

（3）标识牌应固定在其依托物上，不能出现倾斜卷翘、摆动等现象。

（4）按照规定每天清扫绿色通道，并保持干净。

（5）安装和制作好的标识牌由使用人员或片区保洁员负责日常清洁。

（6）保养工作人员如发现标识牌已经被污染、涂抹、撕毁、破损或已失去标识意义，应及时上报；责任部门应及时申请更换、替补或直接撤销。

（7）当固定标识牌需要更改部位或撤销时，经部门负责人同意后方可执行。改动影响较大时须经所属公司综合管理部门审核后方可执行。

（8）标识管理部门应不定期对各类标识的使用情况进行检查，对不符合公司规范要求的，应责成责任部门限期整改。

（9）各部门应定期按时间顺序进行标识记录整理，并妥善保存。

（10）与标识牌有关的所有档案资料均由所属公司档案管理部门统一保存。

【实例04】

某物业项目管理标识牌汇总

区域	类别	标识牌分类
客服中心及物业办公室	客服中心门口	温馨提示牌、欢迎类的迎宾牌
		物业公司、客服中心标识铭牌
		推、拉门标识牌
		物业客服前台上下班时间标识牌
		便民工具箱
	前台及上墙资料	收费二维码展示
		区域负责人照片、联系电话
		前台工作指引牌（收费处、接待处、入伙收楼、装修申报）
室内标识牌	大堂	玻璃防撞条
		公共安全标识牌（消防疏散图、安全提示牌）
		请勿高空抛物
		请随手关门
		文明养宠
		电梯轿厢使用规定和提示语（客梯、消防梯的标识）
		区域负责人员照片、联系电话
	楼层间	清洁用水标识
		楼梯间垃圾收集点标识
		消防通道楼层号
		煤气阀及供水管道走向标识
		强弱电线井、水表、电表房标识牌
		公共区域部分窗户的封闭
		消防疏散图、各消防箱/栓标识，消火栓/箱
功能场地	地下车场	限速5公里
		"专用车位"悬挂于车位上方
		临时停车位悬挂于车位上方
		摩托车位、自行车停放位

（续表）

区域	类别	标识牌分类
功能场地	地下车场	各消防箱／栓标识，消火栓／箱
		地下室人防门
		地下室、防火卷闸警告标识
		地下室水、电等管线走向标识
		通往各区域、楼宇的导向指示标识
		地下室结构柱防撞梁
		地下室别墅区电箱标识
		水流导向标识牌
设备房	电梯、发电机房	设备房标识牌
		区域责任人标识牌
		机房管理制度牌
		设备运行记录板
		设备运行流程图
		突发事件处置流程
		危险（防火）温馨提示
	发电机房	区域线路回路标识牌
		危险标识
		设备房标识
		储油箱油位标识
		储油室标识
	高低压电房	设备房标识牌
		区域责任人标识牌
		机房管理制度牌
		设备运行记录板
		设备运行流程图
		突发事件处置流程
		区域线路回路标识
		危险标识牌

（续表）

区域	类别	标识牌分类
设备房	水泵房（生活区和泳池）	设备房标识牌
		区域责任人标识牌
		机房管理制度牌
		设备运行记录板
	水泵房（生活区和泳池）	设备运行流程图
		突发事件处置流程
		各阀门开关标识牌
		控制柜标识牌
		水池标识牌（生活用水、消防水）
	水泵房	给水、排水管水流向示意标识
		水池清洗记录
		卫生员证
		卫生许可证
		水质检验报告
	消防监控中心	区域分布标识、小区消防平面图、巡更布点示意图、监控的摄像点分布图
		紧急联系电话
		岗位职责和突发事件处置流程
		突发事件处置物件
		各项应急处理工作流程图
	楼宇内公共区域	业户请刷卡进入，警惕他人尾随而入
		消防通道，严禁堵塞
		请勿在楼道内焚香、烧物
		请勿在天台堆积废弃物和种植花草，预防排水道堵塞
		请勿在大堂喧哗
		各职能部门巡查签到牌
		可视对讲操作说明
		来访人员请使用对讲机与业户联系进入

（续表）

区域	类别	标识牌分类
设备房	机电设备区域	电梯机房，非请莫进
		电闸长期使用和关闭
		危险，请勿触摸
		机电设备房，非请勿入
		线路检修，请勿合闸
温馨提示牌	外围公共区域	"危险，切勿攀爬"
		高空抛物事关全体住户人身安全
		易燃易爆物品，禁止烟火
		足下留情，绿意更浓
		危险，请勿嬉水
		业主（住户）车道
		来访人员车道
		请在指定的地方停放电动车、摩托车、自行车
		你已进入小区 24 小时监控区域
		请勿在架空层停放电动车、摩托车、自行车
		不留垃圾
		小区内禁止燃放烟花爆竹
		举手之劳，我们能做的还有很多（附随手捡垃圾图片）
		小区是我家，环境卫生靠大家
		让我们携起手，共建美丽、整洁、和谐的社区
		景观雕塑，请勿攀爬
		你给我一点空间，我还你一生绚丽
		小草对你微微笑，请你把路绕一绕
		儿童在此玩耍，须有大人陪同
		人人参与垃圾分类，个个享受绿色环境
		加强物业管理服务，提高物业管理品质
		草是世界的地毯，树是地球的经脉

【实例05】

物业标识管理办法

1. 目的

明确各服务区域内标识的应用规范，为客户的工作和生活提供方便与安全保障；规避经营风险，提升公司形象；当有追溯要求时，保持唯一性标识。

2. 适用范围

本办法适用于各项目在服务过程中应用的各类标识。

3. 职责

3.1　各项目根据实际需要提出标识的制作需求；负责标识的规范使用及日常维护工作。

3.2　质量管理部负责公司各类标识的设计与制作；负责对公司整体标识规范的应用情况进行指导、监督。

3.3　核算部负责标识牌制作的价格审核。

4. 应用方法和过程管理

4.1　标识的管理

4.1.1　安装和制作好的标识由区域保洁员负责日常清洁保养工作，区域管理员、秩序管理员巡逻岗负责检查、监督。

4.1.2　如发现标识已经被污染、涂抹、撕毁、破损或已失去标志意义，应及时申请更换、替补或直接撤销。

4.1.3　当固定标识需要更改位置或予以撤销时，须经公司质量管理部审核后方可执行。

4.1.4　新旧标识更换时，应优先更换业主视野范围内的。

4.1.5　质量管理部对各类标识的使用情况进行不定期检查，对不符合公司规范要求的，进行相应处罚和责成限期整改。

4.1.6　当标识有追溯性要求时，如设备卡、灭火器，应记录其唯一性标识。

4.1.7　注意泳池、儿童游乐场所标识的使用材质与工艺，要使用有机片、有机玻璃制作成圆角形状。

4.2　记录的标识

4.2.1　各班组确保记录在案的标识都是有效的标识，在填写记录时，应如实、完整地填写每一份标识，责任人签字确认。

4.2.2 项目每半年对现场应用的标识进行统计记录、分类整理，并妥善保存。对需更换、撤销的标识进行有计划的处理。

4.3 标识的种类

标识包括住宅小区（写字楼）楼牌、单元牌、楼层牌、门牌、作业提示牌、温馨提示牌、交通导向标识、方向指示标识、安全警示标识、公告栏及各种记录等。

4.4 标识的制作

4.4.1 标识设计与制作必须符合公司 VIS 手册的规定。

4.4.2 各项目根据现场工作需要提出标识制作需求，并提供相应版式，要求供应商设计出效果图或制作样本，方可进行流程审核。

4.4.3 标识规格与报价按照 OA 物资采购程序由分管副总、质量管理部、核算部审批。

4.4.4 标识制作、安装完成后，申请项目与采购人员应对所有标识的效果、质量进行验收。

4.5 标识的应用规范（固定标识）。

4.5.1 服务处

（1）服务处须张贴"收费一览表""员工管理架构图""服务处工作时间""服务处内部公告栏""前台接待""收费处""禁止吸烟"等标识。

（2）办公区域划分标识如"财务室""档案室""经理室""会议室""更衣间"等，张贴在相应门框上方的中间位置。

4.5.2 楼宇

（1）在大堂明显位置设置"大堂公告栏""楼层专管员""阳光大使"，有玻璃的须粘贴"防撞条"。

（2）在电梯轿厢明显位置设置"电梯温馨提示""24 小时服务热线""电梯年检证""电梯使用须知"，高度为 1.6 ~ 1.8 米。

（3）各楼层设置"楼号"（单元号）"楼层号""房间号"，在电梯间设置消防疏散图，在消防通道设置"消防通道出入口""地下室出入口"标识，在消火栓、灭火器等附近设置"消火栓使用指引""灭火器使用指引"标识。在楼宇内垃圾桶上方设置"火种请熄灭、垃圾请打包放入桶内！"等标识牌。

4.5.3　仓库

（1）库存物资名称挂贴于货架或物资上，在库房门口或仓库内显眼位置张贴"严禁烟火"标识牌；危险类物品须张贴"易燃易爆物品""农药有毒，请勿靠近""腐蚀物品"等标识牌。

（2）仓库内按不同区域设置"清洁机械存放处""清洁剂存放处""清洁工具存放处""园林绿化机械存放处""化肥存放处""园林工具存放处""农药废弃物回收存放处"等标识牌，张贴在墙上1.6 ~ 2米的显眼位置。

4.5.4　设备设施

（1）各类设备房如配电室、水泵房、发电机房、高压专变房等均设置标识牌，挂贴于房门1.5 ~ 1.7米处或房门顶部中间位置。

（2）各类设备房内标识牌张贴要求

① 机电设备按设备名称、设备责任人分别标识，标志牌挂贴在设备明显位置。

② "生活水池""消防水池"等标识牌须张贴于水池入口附近明显位置。

③ "雨立管、粪立管"等标识牌须张贴于相应管道70 ~ 80厘米处。

④ "此阀常开、此阀常闭"等标识牌须悬挂于相应阀门的把手上。

⑤ "高压危险，请勿靠近"等标识牌挂在变压器和环网柜上。

⑥ "严禁合地刀"标识设置于高压供电柜的明显处。

⑦ "严禁跨越警示黄线"等标识牌设置于设备房画出黄色警示线区域的明显位置。

⑧ "机房重地、严禁烟火""禁止吸烟"等标识牌设置于发电机房、配电房、水泵房、储油房门口等设备房明显处。

⑨ "机房重地、闲人勿进"等标识牌张贴在重要机房出入口。

4.5.5　交通标识

（1）小区内道路交通标识须完整，在小区入口处须有禁鸣、限速标识牌，在主要路口等公共地方须有引路标志牌。

（2）地下车场要有车辆限高、限重、限长、限宽、禁止鸣笛的标识牌，标识牌张贴于出入口的明显位置。

（3）车场在相应车位设置私家车位、临保车位、月保车位，在出入口明显位置设置车场平面图、车场停车须知，车场标识牌统一加贴反光材质。

4.5.6 户外

（1）小区交通要道设置小区区域示意图，标示小区建筑构成和方位。

（2）小区显著位置须有报警电话标识牌。

（3）游泳池须有水深标识，以及"小心地滑""请勿嬉水"等警示标识牌。

（4）有台阶的地方设置有"小心台阶"标识。

（5）长期湿滑的区域设置"小心地滑"标识。

（6）水景附近须有"请勿戏水"标识，栏杆明显位置有"请勿翻越"或"禁止攀爬"标识。

（7）大门门禁系统设置"请刷卡""自觉刷卡、来访登记""推、拉"等标识，挂贴于离地 1.3 ~ 1.5 米的位置。

（8）小区对绿化的名称、生长习性和科别以及产地进行挂牌标识，挂贴位置离地 1.8 ~ 2.2 米，安装位置清晰、醒目。

4.6 标识的应用规范（服务过程中，须在明显位置设立可移动提示标识）

4.6.1 电梯例行检修保养时，在电梯井门口挂放"正在保养，请勿靠近"标识牌并安装围栏。

4.6.2 高空作业时，在危险区周边用警示带圈出警示区域，对区域内的财产要做好防护措施，并放置"高空作业，请勿靠近"的标识牌。

4.6.3 配电设备维修时，在开关上挂"有人工作，禁止合闸"的标识牌。

4.6.4 在下雨天或清洁大堂时，应在明显位置放置"小心地滑"的标识牌。

4.6.5 在公共场所刷油漆时，如果油漆未干而现场又无工作人员，应在明显位置放置"油漆未干，请勿触摸"的标识牌或挂牌。

4.6.6 儿童娱乐设施、游泳池、健身房、桑拿房等公共娱乐设施暂停开放期间，在明显位置挂放"暂停使用"标识牌，清洁时，须放置"正在清洁中"的挂牌或标识牌。

4.6.7 维修、清洁公共卫生间设施时，应放置"正在维修，请勿靠近""正在清洁中"的标识牌。

4.6.8 小区公共设施施工、维修时须放置"前方施工，注意安全""正在维修，请勿靠近"标识牌或挂牌。

4.6.9 楼内保洁员在进行楼道、楼层保洁工作时，应在单元防盗门处或楼层显著位置放置"正在清洁中"的标识牌。

4.6.10 泳池清洗时，应在泳池入口明显位置放置"水质处理，暂停使用"的标识牌。

4.6.11 绿化消杀时，应在消杀现场明显位置放置"消杀进行中"或"此区域消杀中，请勿靠近"标识牌或挂牌。

4.6.12 路面抢修时，应在路面维修处用警示带圈出警示区域，放置"施工中，请绕行"标识牌。

4.6.13 停车场车位满后，须在车场入口处放置"车位已满"标识牌（有电子设备提示的除外）。

【实例06】

消防设施、设备标识设置规范

物业管理区域内消防设施、设备标识由管理室（处）分别负责管理。物业公司须按照消防规范要求，配备各种消防设备、设施标识，并将其安装在合适、醒目的位置上。各种标识不得随意挪作他用，责任部门应按月进行全面普查，保证各种标识的完好。

一、总平面布局标识

（一）标识内容

在单位总平面图上标明消防水源（天然水源、单位室外消火栓及可利用的市政消火栓）、水泵接合器、消防车通道、消防安全重点部位、安全出口和疏散路线、主要消防设施位置、建筑消防设施消防标识图例等内容。

设有专职消防队的单位还应标明专职消防队及车辆位置、特殊灭火剂储存位置及储量等内容。

对多层公众聚集场所，应在每层设置平面布局标识，着重标明本层疏散路线、安全出口、室内消防设施位置等内容；宾馆、饭店等住宿场所的房间内设置消防安全疏散示意图。

（二）设置位置

总平面图设置在物业区域内主要出入口附近等醒目位置，且材料采用荧光膜。

（三）标识规格

总平面布局标识设置在室内的，标识设置面积不应小于 1 平方米；设置在室外的，标识设置面积不应小于 1.5 平方米。楼层布局标识设置面积不应小于 0.35 平方米，如下图所示。

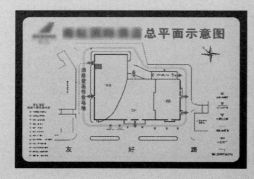 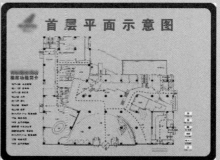

总平面布局图及消防安全疏散图示例

二、消防车道标识

（1）标识内容如"消防车道，严禁占用"字样，如右图所示。

（2）设置于消防车道地面上或临近建筑相邻的墙面上，应与消防车道同宽，材料采用荧光漆涂刷。

消防车道标识

三、防火间距标识

（1）标识内容如"此处 × 米内为防火间距，严禁占用"字样，如下图所示。

（2）设置于与建筑相邻的墙面或地面上，应与防火间距同宽，材料采用荧光漆涂刷。

↔

防火间距标识

四、认知标识

（1）标识内容包括消防器材、设施名称及所在位置。

（2）设置在消防器材、设施上或其上方、侧方位置。

五、操作使用标识

（一）标识内容

根据规范要求标明使用方法、操作空间及维护责任人、检查维护时间等内容。必须标明消火栓、防火卷帘门等消防设施操作场地易被埋压、圈占的部位。

（二）设置位置

可在消防器材、设施上或其上、侧方设置，也可与消防设施认知标识一并设置。

（三）标识规格

标识设置面积不应小于 0.05 平方米，不应大于 0.1 平方米。

（四）消防设施器材标识图例

（1）火灾自动报警系统标识图例如火灾自动报警系统、火灾探测器、手动报警按钮、主报警控制器、区域报警控制器、消防控制柜、消防通讯、火灾事故广播、消防专线电话，如下图所示。

火灾自动报警系统标识图例

（2）自动喷水灭火及室内消火栓系统标识图例如消防水池、消防水箱、消火栓泵、喷淋泵、稳压增压泵、气压泵、湿式报警阀、预作用阀、干式阀、干湿两用阀、雨淋阀、减压阀组、喷头、消防管道、消防泵、喷淋泵、控制柜、稳压泵、增压泵、水喷淋末端放水装置、室内消火栓、消防水喉、室外消火栓、水泵结合器等。自动喷水灭火及室内消火栓系统标识，如下图所示。

消防水池
1. 水位及消防用水不被他用的设施应正常；
2. 补水设施应正常；
3. 防冻措施完好。

消防水箱
1. 水位及消防用水不被他用的设施应正常；
2. 消防出水管上的止回阀关闭时应严密；
3. 防冻措施完好

消防水泵
1. 进出口阀门应全开，标志牌应正确。
2. 压力表、试水阀及防超压装置等均应正常。
3. 启动运行应正常，应向消防控制设备反馈水泵状态的信号。

消火栓泵
上应标明类别、编号、维护保养责任人、维护保养时间

气压泵
1. 进出口阀门应常开；
2. 启闭运行应正常；
3. 启泵与停泵压力应符合设定值，压力表显示应正常。

湿式报警阀组
1. 控制阀应全部开启，并用锁具固定手轮，启闭标志应明确，采用信号阀时反馈信号应正确。
2. 压力表显示应符合设定值。
3. 报警阀组件应灵敏可靠，压力开关动作应向消防控制设备反馈信号

预作用报警阀组
1. 应设置在自动控制状态；
2. 控制阀应全部开启；
3. 电磁阀的启闭及反馈信号应获取可靠

干式报警阀组
1. 控制阀应全部开启；
2. 空气压缩机和气压控制装置状态应正常；
3. 压力表显示应符合设定值。

干湿两用阀
1. 控制阀应全部开启；
2. 压力表显示应符合设定值。

雨淋阀
1. 控制阀应全部开启；
2. 压力表显示应符合设定值；
3. 气压传导管的供气装置状态应正常

消防控制柜
1. 仪表、指示灯显示应正常，开关及控制按钮应灵活可靠；
2. 应有手动、自动切换装置。

喷头
喷口方向应正确，并应无堵塞现象。

消防稳压泵
1. 进出口阀门应常开；
2. 启动运行应正常；
3. 启泵与停泵压力应符合设定值，压力表显示应正常。

消防增压泵
1. 进出口阀门应常开；
2. 启动运行应正常；
3. 启泵与停泵压力应符合设定值，压力表显示应正常。

水喷淋末端放水装置
阀门、放水接头、压力表和排水管应正常。

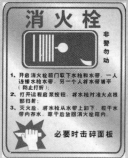

消火栓
非警勿动
1. 开启消火栓箱门取下水枪和水带，一人连接水枪水带，另一个人将水带铺平（防止打折）；
2. 打开运程启泵钮，将水枪对准火点根部扫射；
3. 灭火后，将水枪从水带上卸下，拧干水带内存水，摩干后复原回消火栓箱内。
必要时击碎面板

消防水喉
不得有变形和附着物、悬挂物。

水泵接合器
控制阀应常开，且启闭灵活。
单向阀安装方向应正确。
止回阀应严密关闭。

自动喷水灭火及室内消火栓系统标识图例

（3）防排烟及通风空调系统标识图例如送风机、排烟机、送风口、排烟口、前室或合用前室、走廊、大厅排烟口、中庭排烟口、地下排烟口、送风管道、排烟管道、排烟防火阀、正压送风机、机械排烟风机等，如下图所示。

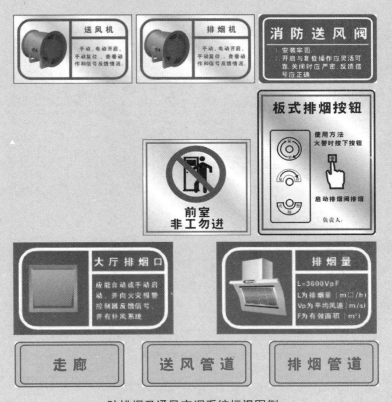

防排烟及通风空调系统标识图例

（4）防火卷帘、防火门设施标识图例如防火卷帘门、易熔合金、防火卷帘门的联动控制装置、电动防火门、钢制或木质防火门、挡烟垂壁等，如右图所示。

防火卷帘、防火门设施标识图例

（5）气体灭火系统标识图例如灭火剂储存容器、贮瓶间、喷嘴、防护区、管道、主报警控制器功能、灭火控制器（柜）、防护区声光报警器、气体释放指示灯、防护区等，如下图所示。

气体灭火系统标识图例

（6）消防电源控制柜侧方应设置操作使用标识。

（7）灭火器材标识图例如灭火器设置点、灭火器材箱、火灾警报装置、室内消火栓、室外消火栓等，如下图所示。

灭火器材标识图例

六、建筑自动消防设施管理标识

（1）标识内容如系统（设施）名称、生产厂家、型号、安装单位、安装时间、维保单位等，如下图所示。

（2）设置于消防控制室墙面醒目位置。

（3）标识规格：标识设置面积不应小于 0.35 平方米。

标识图例

七、消防安全疏散标识

（一）疏散指示标识

（1）标识内容如疏散指示，如下图所示。

（2）疏散指示标识应根据国家法律法规、消防技术标准设置在安全出口、疏散通道的上方、转角处及疏散走道1米以下的墙面上，并采用符合法律规定的灯光疏散指示标识、安全出口标识，表明疏散方向、疏散宽度。

疏散指示标识示例

（二）疏散警示标识

（1）标识内容如"禁止锁闭""禁止堵塞""提示性禁行"等，如下图所示。

（2）设置位置。单位安全出口、疏散楼梯、疏散通道应设置疏散警示标识，标明"禁止锁闭""禁止堵塞"等警示性内容。火灾时禁用的出口、楼梯、电梯应设置提示性禁行标志。

（3）标识规格。标识设置面积不应小于 0.05 平方米，不应大于 0.1 平方米。

疏散警示标识示例

八、危险场所安全警示标识

（1）标识内容。标示出危险物品名称或禁止事项，如下图所示。

（2）设置位置。设置于放置危险物的场所。

（3）标识规格。标识设置面积不应小于 0.05 平方米，不应大于 0.1 平方米。

当心爆炸
CAUTION EXPLOSIVE

当心火灾
CAUTION FIRE

注意安全
PAY ATTENTION TO SAFETY

注 意
请将货物及其他物品摆放在货梯内

禁止穿铁钉鞋

发现火情禁止乘坐电梯

非本区域人员
禁止入内

禁止转动
NO MATCHES

禁止快越
NO MATCHES

禁止跳下
NO WATERIN

禁止合闸
NO FLAMMBALE

禁止穿化纤服
NO FLAMMBALE

禁止带火种
NO MATCHES

禁止燃放鞭炮
NO FIREWORKS

禁止用水灭火
NO WATERING TO PUT OUT
THE FIRE

禁止吸烟
NO SMOKING

禁止吸烟
NO SMOKING

禁止烟火
NO BURNING

禁止放易燃物
NO FLAMMBALE MATERALS

禁止触摸
NO SMOKING

机房重地非工勿进
NO BURNING

此处有电 禁止攀登
NO FLAMMBALE MATERALS

安全警示标识示例

九、消防安全管理规程标识

（1）标识内容如消防安全管理规程，操作程序等，如下图所示。

（2）设置位置。墙面上醒目位置。

（3）标识规格。标识设置面积不应小于 0.35 平方米。

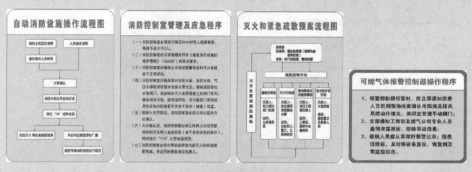

消防安全管理规程标识示例

十、消防宣传标识设置

（一）消防安全法规标识

（1）标识内容如《中华人民共和国消防法》《机关、团体、企业、事业单位消防安全管理规定》《人员密集场所消防安全工作通告》等消防法律法规、消防安全规定，如右图所示。

（2）设置位置。人员密集场所大门前、主要疏散通道或人员聚集部位。

（3）标识规格。标识设置面积不应小于 0.35 平方米。

（4）制作要求。可利用电子屏、固定宣传版面等设置。

消防安全法规标识示例

（二）消防职责制度标识

（1）标识内容如消防安全管理承诺内容或单位规定制度、岗位消防安全职责等。

（2）设置位置。重点部位、重要场所、生产岗位、消防办公室的墙面上及公众聚集场所的主要疏散通道上。

（3）标识规格。标识设置面积不应小于 0.35 平方米。

（三）消防安全常识标识

（1）标识内容如宣传单位安全生产经营理念的标语口号、公共场所防火事项、火灾报警、安全疏散、逃生自救常识等，如下图所示。

（2）设置位置。单位重点部位、重要场所、生产岗位及人员密集场所的主要疏散通道、人员聚集部位等位置。

（3）标识规格。标识设置面积不应小于 0.35 平方米。

消防安全常识标识示例

第五节 红牌作战

红牌是开展 5S 活动过程中常用的工具。

所谓红牌，是指用红色的纸做成的问题揭示单。其中，红色代表警告、危险、不合格或不良。问题揭示单记录的内容包括责任部门、对存在问题的描述和相应的对策、整改的时间、完成的时间及审核人等。红牌一般纸质较厚且双面红色。

一、红牌作战的目的

红牌作战可以使必需和非必需品都一目了然，提高每个员工的自觉性和改进意识。红牌上有改进的期限，可以引起责任部门的注意，及时清除非必需品。

在 5S 管理中实施红牌作战，就是不断找出所有需要改善的事物和过程，并用醒目的红色标牌（如图 3-45 所示）标识出来，然后通过不断增加或减少红牌，达到发现问题和解决问题的目的。

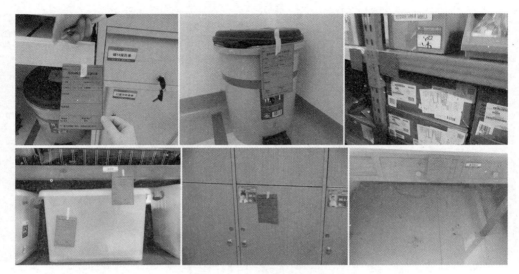

图 3-45　在有问题的地方贴上红牌

红牌作战侧重于寻找工作场所中存在的问题，一旦发现问题，及时用红牌进行醒目的标记，提醒和督促工作人员解决问题，防止问题被遗漏，直至摘掉红牌。

二、红牌作战的实施要点

红牌作战遇到的某一类问题是可以迅速得到解决的。例如，清除了设备的油污、修复损坏的办公桌椅，现场的员工应该立即将"红牌"摘除，防止出现新旧红牌的混杂。

红牌作战遇到的某一类问题并不能立刻得到解决。该部门应该立即商量对策、采取行动，直至将红牌摘除。

三、红牌作战的实施程序

红牌作战的实施程序如图3-46所示。

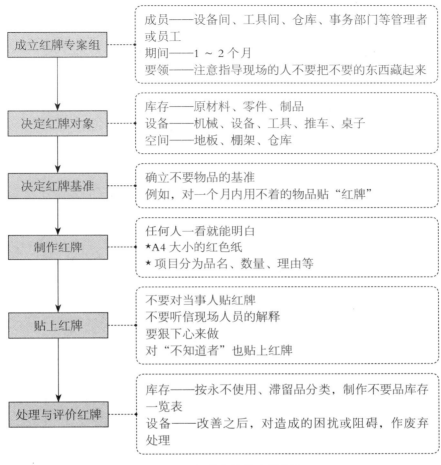

图 3-46　红牌作战的实施程序

（一）确定贴红牌的对象

红牌作战的实施对象是违反"三定原则"（定物、定位、定量）的物品，具体包括工作场所中不要的物品，需要改善的事、地、物（设备、搬运车、踏板、工具、刀具、桌、椅、资料、材料、空间等），有油污、不清洁的设备以及卫生死角。具体如表 3-13 所示。

表 3-13　贴红牌的对象

库存	材料、消耗品（如洗涤剂）、宣传品
设备	机械设备、工具、刀具、台车栈板、堆高机、作业台、车辆、桌椅、备品

（续表）

库存	材料、消耗品（如洗涤剂）、宣传品
空间	地板、棚架、房间
文书	通知、通告文书、议事录、事务报告书、签呈、报价单、计数资料、各类温馨提示
办公设备	复印机、计算机、传真机、打印机、摄像机
办公用具	文件夹、文件盒、橱柜、锁具、资料盒、桌、椅
文具	铅笔、圆珠笔、橡皮擦、夹子、计算用纸
其他	传票、名片、图书、杂志、报纸、图片、说明书

（二）决定红牌基准

"丢弃实在可惜""自己辛辛苦苦做的""总觉得以后用得上"这几句话在日常生活和工作中经常听到，为了杜绝此类现象的发生，物业服务企业就要明确制定"要"与"不要"的基准，可根据物品常用程度来判定（如表3-14所示）。

表3-14　物品常用程度判定表

常用程度	使用频率	处理方法
低	过去一年都没有使用过的物品（不能用或不再用）	丢弃
	在过去的6～12个月中只使用（可能使用）一次的物品	保存在比较远的地方
中	（1）在过去的2～6个月中只使用（可能使用）一次的物品 （2）一个月使用一次以上的物品	在作业现场内集中摆放
高	（1）一周使用一次的物品 （2）每天都要使用的物品 （3）每小时都要使用的物品	保存在作业现场附近或随身携带

（三）制作红牌

红色是为了突显危险程度，因此制作红牌的重点是使红牌更加醒目。

1. 制作红牌的要点

（1）使用红色纸、红色胶带、红色圆形贴纸等制作红牌。

（2）在红牌上写上理由并做记录。

2.红牌的内容

（1）类别：库存或机器设备、工具、空间、文书、办公设备、办公用具、文具等。

（2）品名：品名、编号。

（3）数量：贴附物品的数量。

（4）理由：若为库存品，分为不要物品、不良品、不急用品等。

（5）部门：在红牌的角落上注明管理责任部门。

（6）日期：贴上红牌的日期。

红牌的内容如图3-47所示。

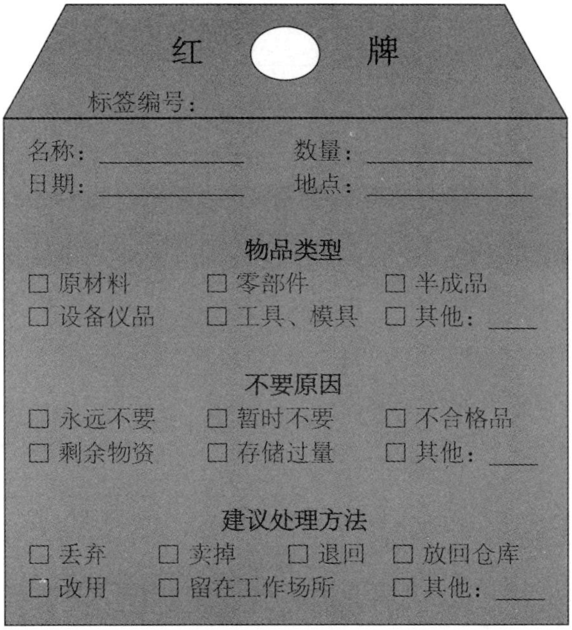

红　　　　　牌

标签编号：_____

名称：_____　　数量：_____
日期：_____　　地点：_____

物品类型

□ 原材料　　　□ 零部件　　　□ 半成品
□ 设备仪品　　□ 工具、模具　□ 其他：____

不要原因

□ 永远不要　　□ 暂时不要　　□ 不合格品
□ 剩余物资　　□ 存储过量　　□ 其他：____

建议处理方法

□ 丢弃　　□ 卖掉　　□ 退回　　□ 放回仓库
□ 改用　　□ 留在工作场所　　□ 其他：____

图3-47　红牌图例

（四）贴上红牌

1.责任者

非现场人员的管理责任者及职员。

2.期间

一天或两天，以日来计算。

3.心态

客观看待物品；贴红牌时要扮"黑脸"。

（五）处理与评价红牌

1. 红牌记录

红牌回收后应予以记录。具体如表 3-15 所示。

表 3-15　红牌发行回收记录表

部门：

场所	发行序号	张数	发行日	发行人	完成日	回收日	认可人	备注

2. 处置

（1）库存：把贴上红牌的库存产品区分为不良品、不用品、留滞品、废旧品等。

（2）设备：对改善会造成困扰或有阻碍时，作废弃处理。

贴上红牌的库存处置办法如图 3-48 所示。

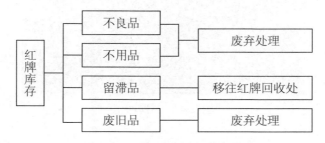

图 3-48　贴上红牌的库存处置办法

第六节　看板管理

看板是管理目视化的一种表现形式，即一目了然地展现数据、情报等状况，主要是对管理项目特别是情报进行透明化管理。它通过标语、现状板、图表、电子屏等形式把文件上、脑子里或现场中隐藏的情报揭示出来，以便任何人都可以及时掌握管理现状和必要的情报，从而快速制定并实施应对措施。因此，管理看板是发现问题、解决问题的非常有效且直观的手段，是目视化和5S管理必不可少的工具之一，如图3-49和图3-50所示。

管理看板是一种管理工具，主要是"用眼睛来管理，用数据和事实说话"。

图 3-49　放置清洗机器处的设备管理看板

图 3-50　小区游泳池的管理看板

一、看板的作用

管理看板的作用主要有以下六个。

（一）具有多功能性

由于看板具有普遍适用性，因此公司中的每个团队都可以实施看板管理。它的多功能性可以使团队成员轻松地实现跨职能地无缝移动，如将内容项目从编辑移动到图形设计，或者新软件功能从集成移动到测试。

（二）持续改进

看板的指导原则之一是每个人都应专注于持续改进。看板的项目管理可视系统使审核和改进变得更加容易，简化了工作流程并减少了浪费。

（三）提升响应能力

汽车行业首先实施了看板管理，目的是更好地匹配库存和需求，只有在库存数很低时才启动流程，这种做法被称为"及时交付"。在项目管理应用程序中，响应能力仍然是看板的核心优势之一，使用看板可以更灵活地响应业务需求。

（四）提升产量

看板鼓励团队在任何时候都可以调整他们正在进行的工作，这个概念被称为限制"在制品"（WIP）。限制在制品（WIP）鼓励团队合作完成工作，尽可能避免分散注意力处理多项任务。这种增强的协作和高度集中的注意力可以让使用看板的团队更快地完成更多的工作。

（五）打造自组织团队

看板可以使团队能够做出更敏捷的决策，从而以创新和高效的方式推进项目。

（六）提升产品质量

看板专注于持续改进和对问题的敏捷响应，这就意味着在完成项目的过程中错误更少，返工也更少。看板把质量控制放回项目管理流程中，从而收获更准确的结果。

总而言之，物业服务企业可以通过看板准确又迅速地传递信息，看板上的数据、计划等内容也便于管理者进行决策或跟进，如图 3-51 至图 3-54 所示。

图 3-51 垃圾分类点分布图看板

图 3-52 停车场入口的看板

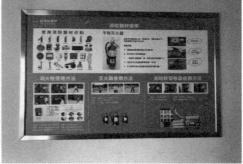

图 3-53 微型消防站中的看板

图 3-54 垃圾桶存放处的垃圾分类指引看板

二、管理看板的设计及管理

（一）管理看板的要素诠释

人员：组织机构图、规章制度、电话礼仪、员工守则。

设备：操作说明书、点检标准、保养标准、测试标准。

材料：BOM 构筑、部品明细、验收标准、QC 工程图、出入库制度。

方法：作业指导书、生产类标准、管理类标准、程序文件。

环境：5S 标准、作业现场布置图等。

管理看板的要素如图 3-55 至图 3-60 所示。

 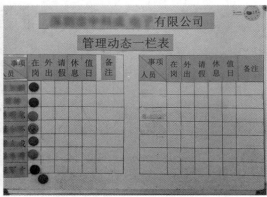

图 3-55　当日当值人员管理看板

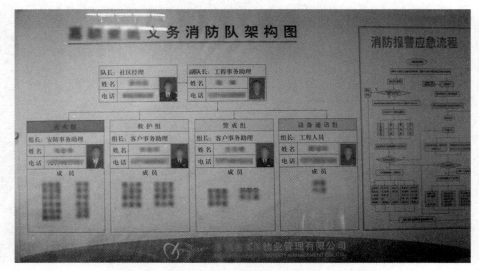

图 3-56　义务消防队组织架构和报警应急流程看板

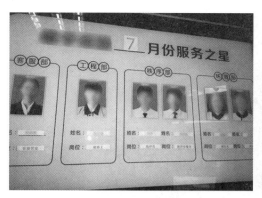

图 3-57　服务之星看板

图 3-58　监督电话看板

图 3-59　项目信息公示看板

图 3-60　消防员职业资格看板

（二）管理看板的内容要求

（1）统一标准化，如图 3-61 所示。

（2）视觉信号要清晰、色彩鲜明、位置合适。

（3）视觉信号要简明易懂、一目了然。

（4）看板有实际价值，有实效。

（5）持续维持和更新，如图3-62所示。

图 3-61　看板要统一标准化

图 3-62　看板的内容要定期更换

（三）看板管理的注意事项

（1）位置要合理。看板应设在人流量较多、引人注目的场所，如员工出入口或客户参观通道等。

（2）空间要大。看板展示要有一定的空间，避免拥挤和保证正常的人流、物流通道通畅。

（3）高度要适中。悬挂高度适中，版面大小合适，业主站着就可以清楚阅览全部内容，如图3-63所示。

图 3-63 看板悬挂高度适中

（4）光线要充足。看板放置场所光线要充足，必要时，可以安装灯箱来增加照明。

（5）要有专人负责维护。看板应指定专人负责，定期清洁，不断更新内容，实行动态管理，以体现看板的灵活性、时效性和及时性。

（6）提倡自己动手制作。除了一些不经常更换的永久性看板可请专业公司制作，其他看板尽量由员工自己动手制作，这样既可以增加员工对本职工作的投入和关注程度，又能保证内容的真实、接地气。

（四）管理看板的常见形式

（1）目标分解展示板。目标可按产品、工序、原因、技术等来分解。但应考虑现象把握难易度、对策实施难易度、成果把握难易度等，然后决定按什么顺序展开。

（2）工具板。根据工具的特点或形状，安置在一块看板上既容易取用，又可随时放回，节约了工作时间，提高了工作效率。

（3）设备计划保全日历是指设备预防保全计划，包括定期检查、定期加油及大修的日程，以日历的形式预先制订好，并按日程实施。优点是查阅方便，便于记录。

（4）班组管理现状板是指集合部门目标、出勤管理、业务联络、通信联络、资料、合理化建议、信箱等内容，是班组的日常管理看板，一般设置在休息室里。

（5）区域分担图也叫责任看板，是将部门所在区域（包括设备等）划分给不同的班组，由其负责清扫、点检等日常管理工作。

（6）安全无灾害板。这是为了预防安全事故的发生而开展的每日提醒活动，包括安全无灾害持续天数、安全每日一句、安全教育资料与信息。一般设置在大门口员工出入或集中的地方。

（7）定期更换看板。根据备件的使用寿命定期更换管理看板，一般张贴在需要更换作业的位置，方便任何人检查或监督。优点是能将作业事项直观地表现在现物，不容易被遗忘。

三、面向业主用户的看板的要求

（一）公告栏

物业服务企业发布日常公告通常以书面形式为主。在以居住为主的小区内可将布告张贴在小区主要出入口、每栋住宅楼的一楼大堂或电梯前厅。物业服务企业一般会在以上地点安装统一的公告栏（如图3-64所示），以便业主（用户）时刻注意公告栏中的内容。

公告栏应制作精美、大方。

商业楼宇物业服务企业可将布告分发到各单位或投入信箱内。

图3-64　公告栏图示

（二）布告应有较高的认可度及接受度

日常布告一般是物业服务企业单方面主动发布，业主（用户）被动接受信息，而且只能通过书面文字表达意思，属于物业服务企业与业主（用户）沟通的一种形式（如图3-65所示）。在拟订布告内容时，为保证业主（用户）对布告有较高的认可度及接受度，应注意以下两点。

（1）形式要规范

物业服务企业向业主（用户）发布的日常布告主要有通知、启示、通告、提示、简讯等形式。无论哪一种形式都属于公文的一种，格式要求规范，因此，发布日常布告时应注意形式规范。

（2）一个信息一个布告

物业服务企业发布新的布告后，大部分业主（用户）都是在经过公告栏时顺便看一下布告的内容，停留的时间很短。为使业主（用户）在最短的时间内得到准确的信息，发布时应注意布告内容单一，避免有多个不同的内容出现在同一布告内；布告的语言要简练明确，保证信息传达快速而准确。

图 3-65　放置在公告栏里的通知

（三）语言要灵活

不同形式的布告，内容也不一样，物业服务企业发布的每一类布告都有其不同的目的，业主（用户）收到信息时的反应也各不相同。为使业主（用户）能更准确地接收信息，发布者可灵活运用语言，将发布布告的目的准确地表达出来。

（四）版面应严谨

在以居住为主的小区内，由于布告对象较多，管理人员应注意布告版面的严谨性。对纸张的大小、字体字号及颜色等应作统一规定，如发布通知、通告等时采用A4纸、宋体字。另外，对字体的大小也可作统一规定，如标题用三号字，正文用小四号字等。

（五）符合礼仪规范

物业管理人员在拟订布告文稿时，应使用礼貌用语，如文稿抬头使用"尊敬的业主（用户）"，正文中对业主（用户）的称谓使用敬称"您"等。另外，无论发布任何类别的布告，都应对业主（用户）保持尊敬，不能使用过分批判甚至侮辱性的文字。如确有必要批评业主（用户），也应使用婉转的措辞。

第四章

目视化与5S活动的实施

第一节 整理的实施

整理就是将工作场所中的物品、机器设备分为必需品与非必需品，对必需品要妥善保管，对非必需品则进行相应的处理。

一、整理的注意事项

（一）整理不是扔东西

整理并不是单纯的扔东西，即使是确实需要报废的物品，也应按物业服务企业的财务规定办理报废手续，并收回其"残值"。千万不可不分青红皂白地把清理出来的物品当作垃圾一扔了之。

在整理（如图 4-1 所示）过程中，要遵循先"分开"后"处理"的原则。分开是先将要的（必需的）和不要的（用不着的）东西分开；将过期的和未过期的东西分开；将好的和坏的东西分开；将经常用的和不经常用的东西分开；将原件和复印件分开等。在分开的过程中，不必考虑如何处理。分开后再考虑如何处理。视物品和内容的不同可以有多种处理方式，如废弃、烧毁、切碎、收藏、转送、转让、廉价出售和再循环等。

图 4-1 全员投入整理

（二）不要产生新的非必需品

有些物业服务企业在实施整理之后，虽然工作现场有了很大的改善，但过了一段时间又在现场发现了不少新的非必需品。产生非必需品的原因主要有以下三个方面。

（1）没有严格执行限额领料制度，没有为多余的清洁用品、绿化用品、维修服务材料办理退料缴库手续。

（2）未按规定将现场多余的物品退入库房，而是将其摆在了工作现场。

（3）没有及时清理服务（如绿化、清洁、维保）过程中产生的废弃物，如损毁的工具、用完的空桶（袋）、用坏的工具等。

因此，在日常工作时，员工不要超计划多领物料。作业完毕后应立即清理残留的物料，不要在工作现场放置私人物品。员工放置物品时要遵循平行、直角、直线的原则，使之一目了然。对于不能使用的工具和用不上的物品，员工要及时将其整理出工作现场。

（三）在整理的同时做到追根溯源

在整理的同时，物业服务企业还要做到追根溯源，也称"源头行动"，就是不断追溯，直到找出问题的根源，然后彻底解决。由于以下原因物业服务企业会产生各种废料、废物。

（1）物资采购量控制和库存管理不善。

（2）过程控制中计量不准确。

（3）设备泄漏。

因此，在开展整理活动时，物业服务企业一定要找出产生废料废物的源头，并对源头进行根治。

二、现场检查的实施

实施现场检查是开展整理活动的第一步。工作现场包括员工看得见与看不见的地方，尤其是容易被忽略的地方，如设备内部、桌子底部、文件柜顶部等位置。

物业服务企业在实施现场检查时，检查人员要做好对地面、天花板、工作台、办公区、仓库等区域的检查工作，具体的检查内容如表4-1所示。

表 4-1　现场检查的主要内容

序号	场所	具体内容
1	地面 （尤其要注意死角）	（1）推车、台车、叉车等搬运工具 （2）各种合格品、不合格品、半成品、材料 （3）工具、设备装置、布草、食材、客用品 （4）材料箱、纸箱、容器等 （5）油桶、油污 （6）花盆、烟灰缸 （7）纸屑、杂物
2	工作台	（1）抹布、手套等消耗品 （2）螺丝刀、扳手、刀具等工具 （3）个人物品、图表资料
3	办公区域	（1）抽屉和橱柜里的书籍、档案 （2）桌上的各种办公用品 （3）公告板、海报、标语 （4）风扇、时钟等
4	天花板	（1）导线及配件 （2）电线 （3）尘网 （4）单位部门指示牌 （5）照明器具等
5	墙上	（1）标牌、指示牌 （2）挂架、意见箱 （3）吊扇、配线、配管 （4）蜘蛛网
6	仓库	（1）材料、工具、清洁用品、绿化用品 （2）过保质期的材料、用品 （3）废旧工具、宣传品、标识
7	室外	（1）废弃工具 （2）生锈的材料、过期的物品 （3）自行车、汽车、摩托车 （4）托板 （5）推车、轮胎

三、区分必需品与非必需品

　　整理的实施要点就是将现场中摆放的物品清理出来，并进行分类，然后按照标准区分物品的使用等级，进而决定是否需要该物品。

（一）必需品与非必需品的判别标准

在实施整理的过程中，物业服务企业对必需品与非必需品必须制定相应的判别标准（如表4-2所示），以便员工根据标准实施"大扫除"。物业服务企业在制定标准时，一定要考虑自身的实际情况。

表4-2 必需品与非必需品的判别标准

序号	类别		说明
1	必需品		（1）正常的机器设备、电气装置 （2）工作台、板凳、材料架 （3）台车、推车、拖车 （4）正常使用的工具，如工程部用的各类工具（万用表、电工尖嘴钳、电缆切割钳、热熔机、数显测电笔、壁纸刀、剪刀、护套线、黑胶布、防水胶布等），清洁工具（水桶、抹布、扫帚、垃圾铲、白洁布、洁净垫、铲刀、尘推、拖布、尘掸等） （5）还有使用价值的消耗用品，如消毒水、清洁泡沫、玻璃清洁剂、全能清洁剂、外墙清洁剂、除油剂等 （6）栈板、图框、防尘用具 （7）在用的办公用品、文具 （8）使用中的告示牌、人字梯 （9）各种使用中的海报、看板 （10）有用的文件资料、表单记录、书报、杂志 （11）其他必要的私人用品，如水杯
2	非必需品	（1）地板上	① 废纸、杂物、油污、灰尘、烟蒂 ② 不能或不再使用的机器设备、工具 ③ 不再使用的办公用品 ④ 破烂的栈板、图框、塑料箱、纸箱、垃圾桶 ⑤ 呆料、滞料和过期品
		（2）工作台和架子上	① 过时的文件资料、表单记录、书报、杂志 ② 多余的材料 ③ 损坏的工具、样品 ④ 私人用品、破压台玻璃、破椅垫
		（3）墙壁上	① 蜘蛛网 ② 过期和老旧的海报、看板 ③ 破烂的信箱、意见箱、指示牌 ④ 过时的挂历、损坏的时钟、没用的挂钉
		（4）天花板上	① 不再使用的各种管线 ② 不再使用的吊扇、挂具 ③ 老旧无效的指导书、工装图

（二）确定保管场所基准

员工可以根据物品的使用次数和使用频率判定物品应该放在什么地方。物业服务企业应对保管对象进行分析，根据物品的使用频率明确放置场所，制作出"保管场所分析表"（如表4-3和表4-4所示）。

表4-3　保管场所分析表

序号	物品名称	使用频率	归类	是必需品还是非必需品	建议场所
		一年没用过一次			
		也许要用的物品			
		三个月用一次			
		一星期用一次			
		三天用一次			
		每天都用			

表4-4　物品的使用与保管场所

	使用频率	处理方法	建议场所
不用	全年一次也未使用	废弃处理	待处理区
少用	平均2个月~1年用1次	分类管理	集中场所（工具室、仓库）
普通	1~2个月用1次或以上	置于工作场所内	各摆放区
常用	1周使用数次或1日使用数次或每小时都使用	工作区内随手可得	如工作台旁、个人工具箱

四、清理非必需品

在确定了必需品与非必需品的判别标准后，员工就要清理非必需品，以便充分利用空间。

非必需品可分为两种：一种是使用周期较长的物品，另一种是对目前的生产或服务无任何作用、需要报废的物品。清理非必需品的原则是看该物品现在有没有"使用价值"，而不是原来的"购买价值"，同时注意以下几点。

（1）清理前需考虑的事项

① 考虑为什么要清理以及如何清理。

② 规定清理的日期和规则。

③ 在清理前明确现场需放置的物品。

④ 区分要保留的物品和不需要的物品，并向员工说明保留的理由。

⑤ 划定保留物品的安置场所，如不合格品区。

（2）清理暂时不需要的物品时，员工应认真判断这些物品是否有保留的价值，并弄清保留的理由和目的。如果不能确定今后是否还会用，可根据实际情况制定一个保留期限，过了保留期限后再做决定。物品的判断标准及放置场所如图4-2所示。

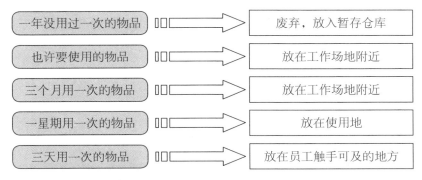

图4-2　物品的判断标准及放置场所

五、处理非必需品

物业服务企业在依据标准判定出非必需品后，就必须对非必需品做出相应的处理。

（一）处理方法

对于贴了非必需品红牌的物品，物业服务企业必须逐件核实实物和票据，确认其使用价值。若经判定，该物品为必需品，就要揭去非必需品红牌。若该物品被确认为非必需品，则应该确定处理方法。一般来说，对非必需品有以下四种处理方法。

1. 改用

将材料、零部件、设备和工具等改用于其他项目或调到其他需要的部门。例如，破损的毛巾、桌布等可以转做抹布；员工餐厅产生的废弃物可以堆放在一个密封的池子中，用作草坪和花园的肥料。

2. 修理、修复

对不合格品或故障设备进行修理、修复，恢复其使用价值。

3. 作价卖掉

对于新购入的设备或材料等物品用不上的情况，物业服务企业可以和供应商协商退货，或者（以较低的价格）卖掉，回收货款。

若该物品有使用价值，并可能涉及专利或商业机密，物业服务企业应按具体规定进行处理；如果该物品只是一般废弃物，经过分类后可将其出售。若该物品没有使用价值，可根据具体情况折价出售，或作为培训、教育员工的工具。

4. 废弃处理

对那些实在无法发掘使用价值的物品，必须按废弃基准作废弃处理。物业服务企业要在考虑环境影响的基础上，从资源再利用的角度出发进行处理。废弃处理的具体方法如下。

（1）由专业企业回收处理。

（2）在现场设置"废料箱"，用于放置废弃的物品，如图4-3所示。

（3）对要废弃的设备贴上作废标识。

（4）选择专门的场所进行废弃处理。

图4-3　收集废料的塑料箱

（二）建立一套非必需品废弃的程序

为了维持整理活动的成果，对那些实在无法发掘使用价值的物品，必须按废弃基准作废弃处理。物业服务企业必须建立一套非必需品废弃申请、判断、实施及后续管理的程序和机制。

一般来说，非必需品废弃的申请和实施程序如下。

（1）物品所在部门提出废弃申请。

（2）技术或主管部门确认物品的使用价值。

（3）相关部门确认再利用的可能性。

（4）财务等部门确认。

（5）物业服务企业高层负责人审批通过废弃处理决定。

（6）指定部门实施废弃处理，填写并保留"废弃单"以便备查。

（7）财务部门做账面销账处理。

以下是一份非必需品处理程序范本。

【范本】某物业服务企业非必需品处理程序

某物业服务企业非必需品处理程序

1. 目的

为使工作现场的非必需品能够及时、有效得到处理，使现场环境、工作效率得到改善和提高，特制定本程序。

2. 适用范围

本程序适用于物业服务企业及各物业项目管理处对非必需品的处理工作。

3. 定义

非必需品即工作现场中一切不用的物品。

4. 职责划分

4.1 品质管理部负责对不用物料进行管理和判定。

4.2 工程部和客户服务中心共同负责对工程部不用的设备、工具、仪表、计量器具进行管理和判定、决定处置方法。

4.3 物业服务企业办公室负责对办公区的不用物品进行审核、判定和申报。

4.4 客户服务中心协同财务部负责联系处置方进行处置。

4.5 安保部负责对出门的非必需品进行把关。

4.6 财务部负责管理非必需品的处置资金。

5. 工作程序

5.1 在日常工作中，各部门要及时清理非必需品，将非必需品置于暂放区，报责任部门主管审核后，由责任单位进行分类和标识，并记录在"非必需品处理清单"及台账中。各部门破损的设备、工具、仪表、计量器具等，本着修旧的原则，由各部门统一放在工程部指定的库房内，由工程部负责维修。如经过鉴定已不能维修，由财务部统一处理（有关部门配合）。

5.2 对各种包装物（如易拉罐、纸箱、报纸、画报）等非必需品，各部门选派一名员工专门负责。正常情况下，各部门每月向有关科室申报处理一次非必需品。由责任科室分类填写"非必需品处理清单"，报物业服务企业总经理审核、批准。

5.3 各部门每季度（特殊情况除外）汇总一次"非必需品处理清单"，并在下一季度第一个办公例会上报主管经理，协调工程部、财务部、设备厂判定处理方案。

5.4 各相关部门严格按批准的方案实施，然后填写"非必需品处置详情表"报财务部。要处理的废品必须有部门盖章的出门证（由财务部统一制作），财务部选派一名员工专门负责处理废品的工作，加盖财务章后方可出门。

5.5 安保部必须严格把关，决不允许没有任何正当手续的人自行出门处理废品，任何个人不得私自处理废品，否则，按违纪处理。

6. 支持性文件及表单

6.1《低值易耗品及账外物资管理办法》。

6.2 "非必需品处理清单"。

7. 其他

本程序由5S推行办公室编制及负责解释。

第二节　整顿的实施

整顿就是对整理后留下来的必需品或腾出来的空间作整体性规划。这项工作旨在提高取用和放回物品的效率。

一、整顿的要求

整顿的要求为定名、定量、定位、定向。

（一）定名

定名的目的是让所有人甚至是新员工一眼就能看出那个地方放置的物品是什么。物品统一定名、贴标签，如图4-4所示。

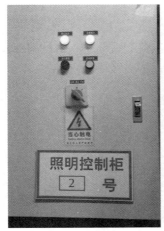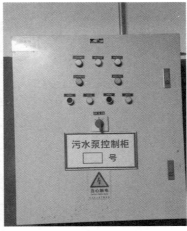

图 4-4 设备的名称标示清晰

（二）定量

定量的目的是让员工能一眼看出有多少库存量，不能说"大概、大约"，要清楚地说出有几个。其实施要点如下。

（1）限制物品放置场所、容器的大小。

（2）明确显示最大库存量及最小库存量。将最大库存量用红色标示，最小库存量则用黄色标示。

（3）相同容器装的物品数量应该保持一致。

（三）定位

定位就是根据物品的使用频率和便利性，决定物品的摆放位置。一般来说，使用频率越低的物品，应该放置在距离工作场所越远的地方。通过对物品进行定位，能够保持现场整齐，提高工作效率。

1. 物品定位要点

物品定位要点主要有如下三个。

（1）在该定位的地方设置标识，具体分为场所标识与编号标识。

（2）地域标识可用英文字母（A、B、C）或数字（1.2.3）来表示。编号标识以数字表示较为理想，最好由上而下按1、2、3排序。

（3）棚架上绝对不要放物品。

2. 物品定位原则

物品定位需遵循两个原则：一是位置要固定，二是根据物品的使用频率和便利性决定物品的摆放位置。如图4-5至图4-14所示。

图 4-5　水泵房设备定位

图 4-6　员工食堂的食品留样柜定位

图 4-7　水杯存放定位

图 4-8　绿植定位

图 4-9　设备房内的消防设备定位

图 4-10　垃圾桶、消防器定位

图4-11　办公桌上计算机、办公用品定位

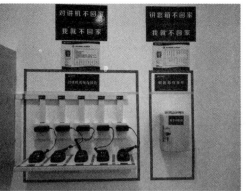

图4-12　对讲机定位

图4-13　饮水机定位

图4-14　清洁工具定位

（四）定向

定向也就是紧急出口方向、行走方向、人员和工具去向等都要标示清楚、一目了然，如图4-15至图4-21所示。

（1）进货出货，左进右出（适合空间大的情况）；后进前出（适合空间小的仓库）。

（2）工作场所直线、直角线、环线路线式（环岛布局）设置，减少碰撞。

（3）设立指示牌和方向线。

（4）人员、工具的去向。设立人员去向牌，设置工具领用登记表格等。

图 4-15　紧急出口方向定位

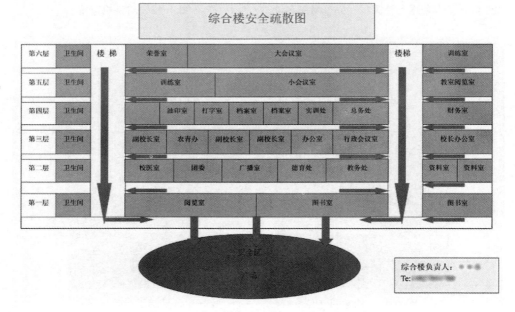

图 4-16　安全疏散图上行走方向标识明确

图 4-17　地下停车场出入标识　　　　图 4-18　楼梯上下箭头标识

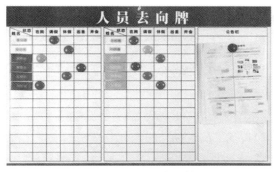

图 4-19　人员去向牌

图 4-20　维修人员去向动态牌

图 4-21　墙上和地上的消防指示箭头

二、整顿的基本推行步骤

整顿的基本推行步骤包括分析现状、物品分类、确定放置场所、确定放置方法以及具体实施等过程。

（一）分析现状

员工取放物品时要花费很多的时间，究其原因主要有图 4-22 所示的五点。

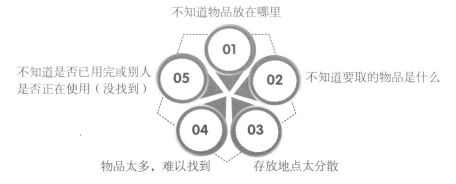

不知道物品放在哪里

不知道是否已用完或别人是否正在使用（没找到）

不知道要取的物品是什么

物品太多，难以找到

存放地点太分散

01 02 03 04 05

图 4-22　花很多时间取放物品的原因

将图 4-22 所示的原因归纳起来，就是员工对现状没有进行分析。所以，在日常工作中员工必须对必需品的名称、物品的分类、物品的放置地点等情况进行调查分析，找出问题所在，对症下药。

（二）物品分类

在整顿时，各部门要根据特征对物品进行分类，把具有相同特点或相同性质的物品划分到同一个类别中，并制定标准和规范，确定物品的名称并做好标识。

（三）决定放置场所

在推行整顿的过程中各部门应事先确定物品放置的场所。在整顿初期，物业服务企业应将整理后腾出的空间、橱柜等进行重新规划，将最常用的物品放在最靠近工作场所的地方，将不常用的物品存放在其他位置。对于不同的场所，可使用不同颜色的油漆或胶带加以明确。在明确场所时应注意以下事项。

（1）通过画线等方式区分通道和作业区域。

（2）考虑搬运的灵活性。

（3）对不要的物品马上进行处理。

（4）不合格品箱或不合格品区域要明显，如用红色警示。

（5）油、甲苯等不能放置于有火花作业的场所。应将危险物、有机物等放在特定的场所。

（6）堆高时要限制高度。物品堆放高度超过一定安全限度时，应倚墙堆放。

（7）有时将物品放在定位线外也是无法避免的，这种情况需要竖起"暂放"牌，牌上标明理由、放至何时等信息。

决定放置场所示例如图 4-23 和图 4-24 所示。

图 4-23　用各样颜色的胶带进行位置划分

图 4-24 贴责任人铭牌

（四）确定放置方法

明确物品的放置方法也是整顿工作中的一项重要内容。这种方法必须以易于拿取为原则。物品的放置方式一般包括放在架子上、卡板上、箱子里、塑胶篮中、袋子里及悬挂放置等，如图 4-25 至图 4-27 所示。决定放置方法时要考虑物品的用途、功能、形态、大小、重量和使用频率等因素，尤其要注意取用和放置的便捷性。在明确放置方法时要注意以下问题。

（1）尽可能按照物品的"先进先出"顺序进行放置。

（2）将重量较轻、使用频繁的物品放在卡板上。

（3）尽量利用架子立体发展，提高空间利用率。

（4）将同类物品集中放置。

图 4-25 用货架定位存放

图 4-26 悬挂方式

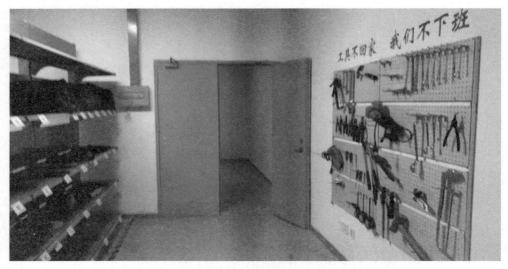

图 4-27　对不同的物品采用不同的存放方式

（5）将长条形物品横放，或束紧竖放。

（6）用栅栏或铁链隔离危险场所。

（7）将体积较小的物品放在箱子里。

（8）避免将单一或少数不同物品集中放置，应分开定位。

（9）以悬挂方式放置清扫器具时，下面要设有接水盘。

（五）确定物品的定位放置

根据存放方法将物品放在该放的地方，同时注意对现场的定置要求进行检查，查看是否都有明确的规定并且按规定定位放置物品（如图 4-28 所示）。

图 4-28　灭鼠器存放定位；杯子、头盔存放于柜子中

（六）做好标示

标示是整顿的最终环节。明显、清楚的标识能起到方便沟通、减少差错、提高效率的作用，如图4-29至图4-34所示。整顿的宗旨是以最少的时间和精力，实现最高的效率、最高的工作质量和最安全的工作环境。其中，一定要将物品名称和存放场所标示清楚，只有这样才能让每名员工都知道自己要用的物品在哪里。如果该物品正在被使用，也应该清楚标明使用者及使用场所，以便紧急需要时能快速找到。

图4-29　贴电梯标识

图4-30　房间门的标识

图4-31　文件分类标识

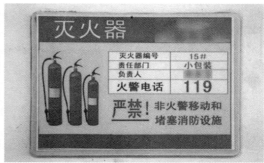

图4-32　灭火器标识

图4-33　打印机和文件筐标识

图4-34　塑封机标识

第三节　清扫的实施

清扫就是将工作场所、机器设备的内部整理干净，并保持整洁。这样有利于保证物业服务质量，降低设备故障率。

一、开展清扫的态度和要求

（一）不能简单地把清扫看成是打扫

清扫是要用心来做的。如对设备的清扫，应着眼于对设备的维护保养。清扫也是为了改善。当员工发现地面有纸屑和漏油时，要查明原因，堵住问题产生的源头，并采取措施加以改进。打扫是表面的，清扫则是深层次的。

（二）清扫不只是清洁工的事

有人把清扫理解为简单地扫去灰尘，认为物业服务企业只要多请几名保洁人员就能保持干净，这是一种错误的观念。除了物业辖区所有公共地方和公共部位的清洁卫生，所有工作场所、设备间、仓库、办公桌的清扫工作必须由当事人来完成（如图4-35和图4-36所示），这样才能实现清扫的真正目的。

尤其是负责设备维护保养的人员，更要注意在维护设备的同时做好清扫检查工作，以便及时发现隐患，并加以解决。这样做可以大大提高设备的运转效率，预防事故的发生，减少不必要的损失。

图4-35　工作区域内的员工开展清扫工作

图4-36 各楼平台打扫

（三）注意清扫灭火器材

很多员工会忽视对灭火器材的清扫，使灭火器上留有灰尘（如图4-37所示），这容易对灭火器的安全使用造成影响。所以，在开展5S活动时应加强对灭火器材的清扫，如图4-38和图4-39所示。

图4-37 灭火器上布满灰尘　　　　图4-38 认真清扫灭火器材

图4-39 擦拭灭火器

（四）立即处理废弃物

在清扫过程中，往往会产生大量的废弃物品。员工要将废弃物品分类存放在专用的垃圾桶中，能回收残值的尽量回收，不能回收的要立即处理掉。不能扫干净这个地方，又弄脏了另外一个地方。

（五）注意清扫过高、过远的对象

在清扫过程中，员工往往会忽略一些过高、过远的对象，如天花板上的灰尘、吊扇上的污垢、设备顶端的灰尘等。仅对一些容易清扫的物品进行清扫，不能真正杜绝脏污的发生。

二、清扫前的准备工作

清扫前的准备工作主要包括对员工进行安全教育和设备使用常识培训以及做好相应的技术准备活动。

（一）安全教育

对员工的清扫安全教育，是指对可能发生的事故（如触电、刮伤碰伤、危险品腐蚀、坠落砸伤和灼伤等）进行预警。

（二）设备常识教育

设备常识教育是企业对员工就设备老化、出现故障、减少人为损伤的方法等进行教育。通过培训使员工学习到设备的基本构造，了解其工作原理，能够对出现尘垢、漏油、漏气、震动等异常状况的原因进行分析。

（三）确定清扫对象

清扫对象包括物品放置场所、设备和空间三类，如图4-40所示。

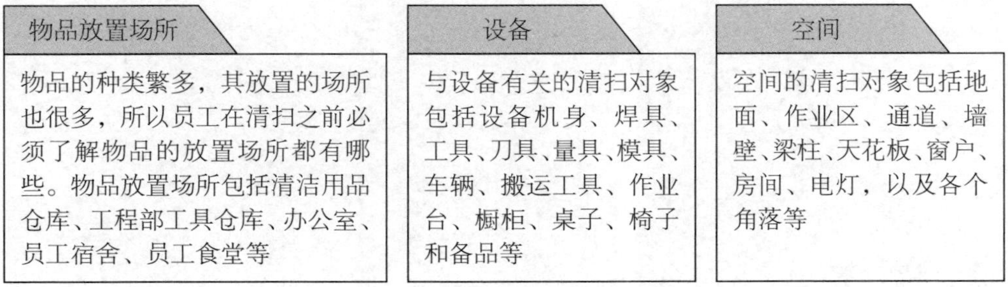

物品放置场所	设备	空间
物品的种类繁多，其放置的场所也很多，所以员工在清扫之前必须了解物品的放置场所都有哪些。物品放置场所包括清洁用品仓库、工程部工具仓库、办公室、员工宿舍、员工食堂等	与设备有关的清扫对象包括设备机身、焊具、工具、刀具、量具、模具、车辆、搬运工具、作业台、橱柜、桌子、椅子和备品等	空间的清扫对象包括地面、作业区、通道、墙壁、梁柱、天花板、窗户、房间、电灯，以及各个角落等

图4-40　清扫对象

（四）确定清扫责任人及清扫周期

清扫前必须确定清扫责任人及清扫周期（是每天清扫还是隔日清扫）。具体要点如下。

1.编制清扫责任位置图

企业以平面图的形式，把现场的清扫范围划分到各部门，再由各部门划分至个人。公共区域可利用轮值和门前承包的方式进行。具体步骤如下。

（1）绘制工作场所位置图。

（2）将位置图进行划分。

（3）分配清扫任务责任者。

（4）将位置图张贴在明显的地方。

以下是一份清扫责任位置图示例，仅供参考。

【实例01】

某部门清扫责任位置图			
责任区域	责任人	色别	时间
A区	张××	红色	星期一早上8：25～8：30
B区	李××	黄色	星期一早上8：25～8：30
C区	王××	绿色	星期一早上8：25～8：30
D区	赵××	蓝色	星期一早上8：25～8：30

2.制定清扫日程表

物业服务企业要做到清扫作业日程化。特别是员工共同使用的地方可采用轮流值日制。清扫日程表的形式如表4-5和表4-6所示。制定日程表的步骤如下。

（1）确定清扫场所，如会议室、休息室、厕所、图书阅览室等。

（2）进行任务分配，明确使用人、责任者。

（3）将清扫作业清理出来，依程序逐日分配。

（4）编制日程表和轮值表并发布，责任人之间相互传阅。

表 4-5　清扫日程表（1）

部门：　　　　　　　　　　　　　　　　　　区域：

序号	清扫项目	清扫频率	清扫责任人	执行标准	监督人	备注
		、				

表 4-6　清扫日程表（2）

工作区域				责任人照片											
责任人															
清扫实施内容	清扫部位	清扫周期	要点	清扫内容确认											
				1	2	3	4	5	6	7	8	9	10	11	12 … 30
地面	表面	每天	无污物												
天花板	表面	每天	无污物												
办公桌	表面	每天	无污物												
打印机	表面	每天	无污物												
……															

备注：1. 员工必须按时推行 5S 工作；
　　　2. 管理者应监督和检查实施情况；
　　　3. 实施确认后在栏内打√。

（五）准备清扫用具

清扫用具准备要点如下。

（1）准备必要的清扫用具以便进行清扫作业。

（2）将清扫用具连同所需的数量以公告的形式公布。

（3）考虑容易取用、容易归位的用具放置方法。

一般的清扫用具如下。

（1）扫帚，对切屑或粉末散落满地的现场，员工要先用扫帚清扫地板。

（2）拖把，主要用于擦拭地板。

（3）抹布，对作业台、办公桌、机械类等，原则上是使用抹布清扫；在灰尘或尘埃多的场合使用湿抹布，需要磨光或去除油污时则使用干抹布。

（4）吸尘器，用于现场吸尘。

员工要将清洁用具放在不显眼的地方，如工作场所外围或工具柜内。

对扫帚、拖把等应该使用单支悬挂方式，手柄向上，不要杂乱堆放，拖把的拖头下方应放有盛水盆。应将污水及时倒掉，以免引发异味和滋生蚊虫。抹布用完以后，应清洗干净，集中于一个地方晾晒，晾干后可叠放于指定柜内。清扫用具放置如图4-41所示。

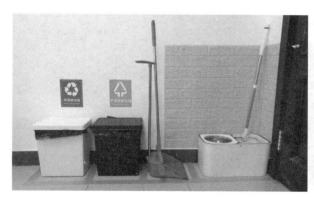

图4-41　清扫用具

（六）决定清扫方法

确定了清扫工具之后，接下来应考虑如何实施清扫。先明确清扫的"三扫"原则，主要包括如下三点。

（1）扫黑，指的是扫除垃圾、灰尘、粉尘、纸屑、蜘蛛网等。

（2）扫漏，包括对漏水、漏油、漏气等的处理。

（3）扫怪，指的是消除异常的声音、温度、震动等。

清扫方法的要点有以下三个。

（1）员工要养成每天早晨先清扫五分钟的习惯。

（2）从清扫程序中整理出必需的清扫用具。

（3）明确使用方法、使用程序，如图4-42所示。

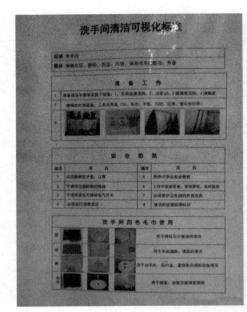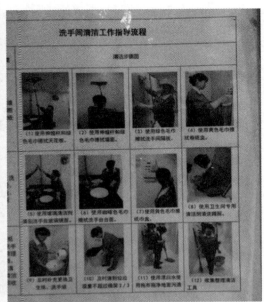

图 4-42 清扫程序贴墙上

（七）建立清扫基准和制度

除了责任到人，物业服务企业还需要建立一套清扫基准，制定清扫制度，促进清扫工作标准化，以确保现场清洁。

清扫基准和制度的内容包括明确清扫的对象、方法、重点、周期、使用的工具、责任人等各种项目。

以下是物业客服中心办公设备的清扫标准及库房清洁标准操作规程，供读者参考。

【实例02】

物业客服中心办公设备清扫作业标准

1.目的

为了对物业客服中心的办公设备如计算机、传真机、复印机等有计划地进行清扫，保持设备清洁，使设备正常运行，特制定本标准。

2.适用范围

物业客服中心所有办公自动化设备及空调均适用本标准。

3. 清扫要点及方法

3.1 清扫要点

3.1.1 计算机的清扫。计算机清扫的重点部位为主机、显示器、键盘等容易积尘的部位，清扫周期为三天一次，由使用者自行清扫。

3.1.2 复印机及传真机的清扫。复印机及传真机清扫的重点部位为外表面，特别是设备背面及一般不打开的部位，清扫周期为每周一次，设备管理部门在设备上明示清扫责任人。

3.1.3 空调的清扫。空调清扫的重点部位为送风口、外表、背部、顶部等易积尘的部位，清扫周期为每周一次，设备管理部门需在空调上明示清扫责任人。

3.2 清扫方法

清扫时需先用湿抹布蘸洗涤剂或肥皂水轻轻擦拭，再用干净的干抹布擦拭干净。

3.3 实施清扫

清扫方法如下。

（1）清扫墙角、梁柱周围的垃圾及灰尘。

（2）擦拭墙壁、窗户、门板等处的灰尘、尘垢。

（3）彻底去除垃圾、碎屑、破片、切粉、油污、锈、灰尘、砂土、废料等污染物。

（4）使表面恢复原状。

（5）使用洗涤剂或磨粉清扫不易掉落污秽的地方。

（6）作业者自行清扫机械或设备。

3.4 清扫注意事项

（1）清扫时应切断设备电源。

（2）清扫设备时不可用易燃、易挥发的有机溶剂如天拿水、酒精等，以免损坏设备或引起火灾。

【实例03】

库房清洁标准操作规程

1. 目的

为了保证物料不受污染，特制定本规程。

2. 范围

物业项目内所有库房，包括工程部工具材料仓库、保洁仓库、绿化用品仓库、办公用品仓。

3. 管理规定

3.1 清洁范围、频次

3.1.1 每天上班后应对仓储区进行清洁，清洁时应用潮湿的拖布清洁地面，防止地面积水，保持区内干燥。

3.1.2 每周清洁货架上浮尘一次，保持物料外包装整洁干净，无污物、浮尘。

3.1.3 每周用抹布全面擦洗门窗一次。

3.1.4 每周对捕鼠、防虫、消防及其他附属设施及墙壁清洁一次。

3.1.5 每次收料后对收料场地进行清洁，使场地保持干净、整洁。

3.2 清洁方法及要求

3.2.1 清洁时应先清洁墙壁、门窗及其他附属设施，再清洁货架、地面。

3.2.2 墙壁及其附属设施无灰尘、污物；门窗干净明亮，地面整洁无杂物、积水；货架整齐，物料、成品外包装无浮尘、污迹；各种标识整齐排列无损坏。

3.3 防虫害措施

3.3.1 各通风窗应安装防虫网，并每日检查有无破损情况，发现破损立即更换。

3.3.2 各门窗不得有缝隙和缺损，一旦发现立即修正。

3.3.3 人员、物料入口处应安装灭蝇灯，在蚊、蝇活动期间开启灭蝇灯进行捕杀。

3.3.4 各库房必要时应放置 1 ~ 2 个粘鼠胶或安装灭鼠器进行灭鼠。

3.3.5 每天定时检查一次防虫害设施，发现问题应及时反映并修复。

3.3.6 每天检查虫害杀灭情况，发现蚊、蝇等飞虫及鼠害尸体应及时清理。

三、实施全面清扫

员工要自己动手清除常年堆积的灰尘污垢，将地板、墙壁、天花板甚至灯罩的里面以及一切物品与机器设备打扫得干干净净。

（一）清扫总动员

清扫工作开始前，物业服务企业项目管理处应当对员工进行清扫总动员，动员所有员工积极参与到清扫工作中。

（二）地面、墙壁和窗户的清扫

在清扫的过程中，地面、墙壁和窗户的清扫工作是必不可少的。清扫时，员工要了解过去清扫时出现的问题，明确清扫后要达到的效果。全体员工清扫地面，清除垃圾，去除附着的涂料和油污等污垢，并分析地面、墙壁、窗户的污垢来源，想办法杜绝污染源，并改进现有的清扫方法。

清扫工作如图 4-43 至图 4-49 所示。

图 4-43　清扫走廊上的玻璃

图 4-44　清扫天花板

图 4-45　清扫办公室玻璃窗

图 4-46　清扫储物柜

图 4-47　擦拭墙壁

图 4-48　清扫办公室的沙发

图 4-49　对角落进行细致清扫

（三）设备的清扫

1. 设备清扫的注意事项

设备一旦沾上灰尘或被污染，就容易出现故障，缩短使用寿命。为了防止这种情况的发生，就必须杜绝污染源。因此，员工要定期检查设备和工具及其使用方法等，经常细心地进行清扫，如图4-50至图4-54所示。员工在清扫设备时需要注意以下事项。

（1）不仅清扫设备本身，其附属、辅助设备、辅助管道也要清扫。

（2）重点检查容易发生跑、冒、滴、漏现象的部位。

（3）特别注意油管、气管、空气压缩机等看不到的内部结构。

（4）核查注油口周围有无污垢和锈迹。

（5）检查表面操作部分有无磨损、污垢和异物。

（6）检查操作部分、旋转部分和螺丝连接部分有无松动与磨损。

图 4-50　擦拭输油管道

图 4-51　擦拭输油泵

图 4-52　打扫阀门卫生

图 4-53　对消防设备设施进行清扫

图 4-54 清洁空调

2. 设备的点检

员工在清扫时应把设备的清扫与检查、保养结合起来。在某种程度上清扫就是点检。通过清扫把污秽、灰尘尤其是原材料加工时剩余的废料清除掉，这样一来，磨耗、瑕疵、漏油、松动、裂纹、变形等问题就会彻底地暴露出来，企业就可以采取相应的措施，使设备处于完好的状态。（如图 4-55 至图 4-57 所示）

图 4-55 对配电设备进行点检

图 4-56 对电梯机房设备进行点检

图 4-57 清扫中要注意对消防系统进行维护检查

163

第四节　清洁的实施

清洁就是保持清扫后的状态，将实施前 3 个 S（整理、整顿、清扫）的做法制度化、规范化，并严格贯彻执行。简言之，清洁就是为了保持前几个管理环节的成果，如图 4-58 所示。

图 4-58　继续前 3S 活动

一、前3个S的维持

（一）清洁的意义

整洁的工作环境给人的感觉是清爽、舒适，有利于提高工作效率。清洁的具体内容如下。

（1）维持整理的效果，确保非必需品已从现场清除。

（2）维持整顿的效果，确保现场所有物品都达到"三定"的标准。

（3）维持清扫的成果，使工作区域、机器设备保持干净和无污垢的状态。

（4）改善容易出现污垢、灰尘等的机器设备和物品，设法切断污染源。

（二）维持员工前3个S的意识

整理、整顿、清扫只是改善了材料、设备、环境（生产设施）的定位和使用，作为这些活动的实施者——员工还没有真正从思想上接受和养成习惯，一旦松懈又会恢复到以前的状态。所以，清洁阶段的要点是维持，保证已经取得的改善成果。

只有靠全体员工的持续推进，才能达到更好的效果。

（1）制定清洁手册

清洁手册中要明确以下内容。

① 工作现场地板的清洁程序、方法和状态。

② 确定区域和界线，规定完成后的状态。

③ 设备清扫、检查的进程和完成后的状态。

④ 设备的动力部分、传动部分、润滑油、油压、气压等部位的清扫、检查进程及完成后的状态。

⑤ 企业的清扫计划和责任者，规定清扫实施后及日常的检查方法。

（2）利用早（晚）会、企业内刊、标贴画、标语、清洁活动周等形式（如图4-59和图4-60所示），大力宣传造势。

图 4-59　5S 知识宣传

图 4-60　标语可以提升士气

二、前3个S的定期检查

清洁是通过检查 3S 活动的效果来判断其水平的，一般需要制定相应的检查表。对检查中遇到的问题点，检查人员应拍下照片，记录清楚便于责任人整改（如图 4-61 所示）。

图 4-61　进行检查

1. 不要物品的检查点（整理）

（1）实施 3S 之后，员工应检查身边是否有不要的东西并做好相关记录，可利用表格的形式进行记录，示例如表 4-7 所示。

表 4-7　整理检查表

部门：　　　　　　　　　　　　　检查者：　　　　　　　　　　　　日期：

序号	检查点	检查		对策（完成日期）
		是	否	
1	放置场所有无不用的东西			
2	通道上有无放置不要的东西			
3	有无不用的机械			
4	栏架上下有无不用的东西			
5	设备周边有无不用的东西			
…				

（2）将废弃物品编制一览表并处理。处理原则是：库存与设备是物业服务企业的资产，个人不能任意处理；一定要全数显示；与财务责任人协商后处理。

废弃库存品一览表如表 4-8 所示，废弃设备一览表如表 4-9 所示，废弃空间一览表如表 4-10 所示。

表 4-8　废弃库存品一览表

部门：　　　　　　　　　　　　　检查者：　　　　　　　　　　　　日期：

序号	品名	规格	数量	单位	金额	不要品区分	价值	备注

表 4-9　废弃设备一览表

部门：　　　　　　　　　　　　　检查者：　　　　　　　　　　　　日期：

序号	设备名	设备区分	资产号	数量	单价	取得金额	设备日期	累计折旧	账册	设备场所	备注

表 4-10　废弃空间一览表

部门：　　　　　　　　　　　　检查者：　　　　　　　　　　　日期：

序号	地点	管理责任人	面积（平方米）	使用预定	备注

2. 检查物品的放置方法（整顿）

（1）检查物品的放置方法要先明确物品放置方法的检查点，并列表做好记录。整顿检查表如表 4-11 所示。

表 4-11　整顿检查表

部门：　　　　　　　　　　　　检查者：　　　　　　　　　　　日期：

序号	检查点	检查		对策（完成日期）
1	物品放置场所是否显得零乱	是	否	
2	各类物品放置场是否做好三定（即定位、定品、定量）			
3	画线是否已完成 80% 以上			
4	工具、文件存放是否以开放的形式处理			
5	工具、文件摆放是否显得零乱			
6	各类物品放置场所是否可以一目了然			
…				

（2）列出整顿鉴定表（如表 4-12 所示），员工对自己负责的工作场所进行再次检查，若"否"的项目较多则需再进行一次整理。

整顿鉴定表的主要项目包括部门（对象部门或工程名）、检查者（检查者的姓名）、分类（将整顿的对象进行分类）、着眼点（整顿对象的着眼点）、检查（在检查者进行现场巡视的同时做检查，"是"——做到，"否"——没做到，必须采取对策处理）、对策（针对检查中"否"的场合，想出对策与完成期限，将其填入改善栏内）。

表 4-12　整顿鉴定表

部门：　　　　　　　　　　　　　　检查者：　　　　　　　　　　　日期：

分类	序号	着眼点	检查		对策
			是	否	（完成日期）
库存品	1	置物场有无揭示"三定"看板			
	2	是否一眼就能看出定量标志			
	3	物品放置方法是否呈水平、垂直状态			
	4	置物场有没有立体化的余地			
	5	是否能够做到"先进先出"			
	6	为防止物品间碰撞是否有缓冲材料或隔板			
	7	能否防止灰尘进入			
	8	物品是否直立摆放在地面上			
	9	不良品的保管是否有特定置物场			
	10	有无不良品放置场的看板			
	11	不良品是否容易被看见			
工具	12	有没有不良品的放置场所			
	13	放置场所是否有揭示"三定"看板			
	14	工具本身是否贴上名称或代码			
	15	使用频率高的工具是否放置在作业场所附近			
	16	是否依产品的类别来处理			
	17	是否依作业程序决定放置方式			
	18	工具在作业指导书中有无指定场所			
	19	工具是否零乱，能否当场看出来			
	20	工具显得零乱是否当场予以整理			
	21	工具能否采取通用化手段将其减少			
	22	工具能否采取替代手段而将其减少			
	23	是否考虑归位的方便性			
	24	是否在使用场所的 10 厘米以内规定放置处			
	25	是否放置在 10 步以外			
	26	放置方位是否恰当，不弯腰就可以拿到			
	27	能否吊起来			
	28	即使不用看，是否也能大概将工具归位放好			

（续表）

分类	序号	着眼点	检查		对策（完成日期）
			是	否	
工具	29	目标尺寸范围是否很广			
	30	能否交替更换工具			
	31	是否凭借外观整顿			
	32	能否凭借颜色整顿			
	33	使用频率高的刀具是否放置在身边			
计量器具	34	放置场所是否有防止灰尘或污物的措施			
	35	计量器具放置场是否有"三定"处理			
	36	能否知道计量器具的有效使用期限			
	37	微米量尺是否放置在不震动处			
	38	有无垫避震材料			
	39	方量规、螺丝量规有无防碰撞措施			
	40	测试单、直角尺有无吊挂，以防止变形			
油品	41	是否做油罐→给油具→注油口的色别整顿			
	42	是否做油品种类汇总			
	43	在油品放置处是否有"三定"看板			
安全	44	通道有无放置物品			
	45	板材等长形物是否直立放置			
	46	易倒的物品有无设置支撑物			
	47	物品堆积方式是否容易倒塌			
	48	是否把物品堆积得很高			
	49	回转部分有没有用盖子盖上			
	50	危险地区是否做栅栏			
	51	危险标示是否做得清楚醒目			
	52	消防灭火器的标识是否从任一角度均可看见			
	53	消防灭火器的放置方式是否正确			
	54	防火水槽、消火栓的前面是否堆置物品			
	55	交叉路口有无暂停标识			
		合计			
		综合结论：			

3. 消除灰尘、垃圾的检查点（清扫）

（1）清扫的检查点。在窗框用手指抹抹看，就大致可以知道工作场所的清扫程度，也可运用白手套检查法。

（2）填写清扫检查表（如表4-13所示）。"清扫检查表"的用途是列出库存、设备、空间的有关事项。其主要项目有部门（检查对象的部门或工程名）、检查者（检查者的姓名）、分类（清扫对象的类别）、着眼点（与清扫有关的着眼点）、检查（检查者一边现场巡视一边检查，"是"——做到，"否"——没做到，必须采取对策处理）、对策（检查中"否"的场合，要明确记载对策与完成期限）。

表4-13　清扫检查表

部门：　　　　　　　　　　　检查者：　　　　　　　　　　日期：

分类	序号	着眼点	检查		对策（完成日期）
			是	否	
库存品	1	是否清除与制品或零件、材料有关的碎屑或灰尘			
	2	是否清除切削或洗净零件后产生的污锈			
	3	是否清除库存品保管棚架上的污物			
	4	是否清除半成品放置场的污物			
	5	是否清除库存品、半成品的移动用栈板上的污物			
设备	6	是否清除机器设备周边的灰尘油污			
	7	是否清除机器设备下的水或油以及垃圾			
	8	是否清除机器设备上的灰尘、污垢、油污			
	9	是否清除机器设备侧面或控制板套盖上的油垢、污物			
	10	是否清除油量显示或压力表等玻璃上的污物			
	11	是否打开所有的套盖，清除其中的污物或灰尘			
	12	是否清除附着于气压管、电线上的尘埃、垃圾			
	13	是否清除开关类的灰尘、油垢等			
	14	是否清除附着于灯管上的灰尘（使用软布）			
	15	是否清除段差面的油垢或灰尘（使用湿抹布）			
	16	是否清除附着于刀具、治具上的灰尘			

（续表）

分类	序号	着眼点	检查		对策
			是	否	（完成日期）
设备	17	是否清除模具上的油垢			
	18	是否清除测定器上的灰尘			
空间	19	是否清除地板或通道上的沙、土、灰尘等			
	20	是否去除地板或通道上的积水或油污			
	21	是否清除墙壁、窗户等处的灰尘或污垢			
	22	是否清除窗户玻璃上的油污、灰尘			
	23	是否清除天花板或梁柱上的灰尘、污垢			
	24	是否清除照明器具（灯泡、日光灯）的灰尘			
	25	是否清除照明器具盖罩上的灰尘			
	26	是否清除棚架或作业台等的灰尘			
	27	是否清除楼梯的油污、灰尘、垃圾			
	28	是否清除梁柱、墙壁、角落等处的灰尘或垃圾			
	29	是否清除建筑物周边的垃圾、空瓶			
	30	是否使用清洁剂清洗外墙上的污脏			
		合计			
		综合结论：			

　　对前 3 个 S 的检查是清洁的必要步骤，物业服务企业要做好分门别类地检查，对不同的区域和机器设备制定不同的检查标准。

三、巡查评比与前3个S的实施

　　对 5S 活动进行巡查评比可以起到表彰先进、督促后进的作用，让每名员工都能积极实施 5S。物业服务企业通过每天坚持实施前 3 个 S，对巩固 3S 和促进后 1 个 S（素养）的顺利实施有着积极的意义。

　　检查人员定期对各部门负责的区域进行巡查评比并公布结果，对巡查中遇到的不合格项目，要拍下照片，清晰记录不合格的地方，除了让当事人积极改进，也能作为提醒他人不要再犯的良好素材。检查人员可以使用"各部门检查评分表"进行检查评比，具体如表4-14所示。

表4-14 各部门检查评分表

部门		区域评分			得分	备注
客服中心	区域号					
	得分					
财务部	区域号					
	得分					
工程部	区域号					
	得分					
电梯机房	区域号					
	得分					
配电机房	区域号					
	得分					
水泵房	区域号					
	得分					
监控中心	区域号					
	得分					
……	区域号					
	得分					

四、坚持实施5分钟3S活动

每天工作结束后，员工应用5分钟的时间对自己的工作区域进行整理、整顿、清扫，不论是服务现场还是办公室都要推进该活动（如图4-62所示）。物业服务企业可以通过设置相应看板加强5分钟3S活动的宣传工作，员工也应记录下班前5分钟的3S活动，具体如表4-15所示。

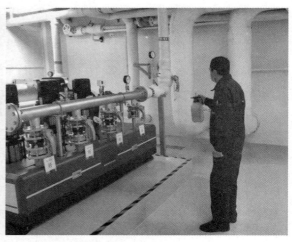

图 4-62　清洁活动成为常态

表 4-15　下班前 5 分钟 3S 活动记录表

姓名：＿＿＿＿＿＿＿＿＿　　职位：＿＿＿＿＿＿＿＿＿　　部门：＿＿＿＿＿＿＿＿＿
本周开始日期：＿＿年＿月＿日　　　　　　　　　　　　　　编号：＿＿＿＿＿＿＿＿＿

注意：
1. 活动开始前，物业服务企业应配给每位员工一张清洁用纸或一块白布（第二天回收）。
2. 尽可能安排全体员工同时做。
3. 第一周可以每天坚持 10 分钟。
4. 每个项目做完后，员工要划"√"。
5. 每星期每人填一张下表。请用铅笔填写，下星期擦干净可以再用。

编号	★实施项目	周一	周二	周三	周四	周五	周六	周日
1	将掉在地上的任何文件、零件、产品、废料及任何物品都捡起来							
2	用抹布擦净器材及仪表的主要部位，以及其他隐蔽的地方							
3	清洁水、油、碳粉或其他东西							
4	将牌子和标签擦干净，确保字迹清晰							
5	确保所有的文件、工具、器材都放在固定的位置							
6	整理和彻底清洁自己的工作台面							
7	彻底清洁自己周边的地面							

（续表）

编号	★ 实施项目	周一	周二	周三	周四	周五	周六	周日
8	检查标签、说明书、防火设施，纠正任何差错或脱落							
9	扔掉（或退还）所有不要的东西，倒垃圾							
10	检查工服着装状况和清洁度，如有需要应立刻清洗，以便明天上班前更换							

第五节　素养的实施

素养是指通过晨会等手段，努力提高员工的素质，促使员工养成良好的习惯，遵守规则，并按规则行事，培养积极进取的精神。素养是"5S"活动的核心.没有人员素质的提高，各项活动就不能顺利开展，开展了也不能坚持。

一、继续推动前4S活动

前 4S 既是基本动作，也是手段，主要是为了使员工养成一种保持整洁的习惯。通过前 4 个"S"的持续实践，可以使员工切实体验"整洁"的作业场所，从而养成爱整洁的习惯。如果前 4 个"S"没有落实，第 5 个"S"（素养）就很难达成。

二、制定相关的规章制度并严格执行

规章制度是员工的行为准则，是让员工达成共识、形成企业文化的基础。

（一）共同遵守的规章制度

在 5S 管理中，员工需要共同遵守的规章制度包括以下几个。

（1）物业服务语言规范。

（2）服装仪容规定。

（3）员工守则。

（4）员工服务礼仪。

（5）各岗位具体礼仪礼节标准。

（6）各岗位具体操作指引。

（二）将各种规章制度目视化

目视化可以让规章制度一目了然（如图4-63至图4-65所示）。规章制度目视化的做法如下。

（1）制成管理手册。

（2）制成图表。

（3）做成标语、看板。

（4）制成卡片。

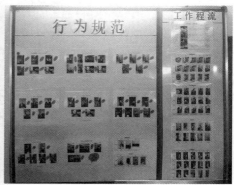

图4-63 制度和行为规范上墙

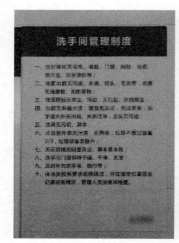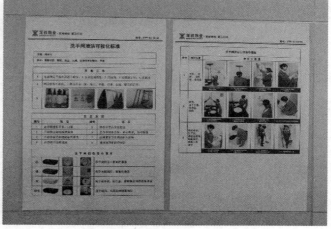

图4-64 洗手间里的目视化标准上墙

图 4-65　工程部办公室制度上墙

（三）规章制度的严格执行

规章制度一经制定，任何人都必须严格遵守。

一旦发现下属有违规行为，主管要当场予以指正。

违规者改正行为之后，主管必须再次检查，直到其完全合格为止。

【实例04】

物业服务语言规范

一、服务文明用语

序号	情境	文明用语
1	称呼	"先生""小姐""女士""小朋友""阿姨"
2	问候	（1）"您好！""早（晚）上好！" （2）"您回来啦！" （3）"您好！欢迎光临！" （4）"周末/节日愉快！" （5）"新年好！""恭喜发财！" （6）"您好！恭喜您乔迁新居！"
3	答询	（1）"您好，××栋请往这边走（具体方向）。" （2）"您好！客服中心在××，请往这边走！"

（续表）

序号	情境	文明用语
3	答询	（3）"对不起，张总刚出去，请稍候，我们马上帮您联系！" （4）"我非常理解您的心情……" （5）"请不要着急，先喝杯水，慢慢说！" （6）"对不起，您说的意思是不是这样……" （7）"非常感谢您的宝贵意见，我们一定努力改进！" （8）"对不起／请您稍候，我们马上派人上门／现场处理！" （9）"您的意见非常好，我们坐下来再详细谈谈您的想法，这边请！" （10）"非常抱歉，我们暂时未能提供这项服务，如有需要我们马上帮您联系！" （11）"非常抱歉，关于这件事我还需要查询／请示，请您留下联系电话，我咨询／请示后马上给您回复！" （12）"很高兴为您服务／很高兴为您处理这件事情／很高兴能够认识您／很高兴能够听到您的宝贵意见！"
4	解释 规劝	（1）"对不起，小区内车位已满，请您将车停到××（必须明确具体位置）" （2）"对不起月保车位已满，如有空缺我们马上为您安排！" （3）"对不起，政府规定……，谢谢您的理解和支持！" （4）"对不起／非常抱歉，我们在××设置了专门吸烟区，谢谢您的理解／支持／配合！" （5）"您好，这里是公共通道，为了您和他人的生命安全，请您将物品移到室内，谢谢您的支持和配合。" （6）"您好，非常抱歉，此处为消防通道／××××，为了您和他人的生命安全，请您将车停到×××！" （7）"实在对不起，为了保障全体业主的共同利益，请您多加谅解，谢谢您的理解和支持！" （8）"对不起，公共（环境／安全／秩序）需要大家共同爱护／遵守／维护，谢谢您的理解／支持／配合！" （9）"对不起，整洁的环境需要我们共同维护，请您把废弃物品投入垃圾桶内，谢谢您的支持和配合！" （10）"麻烦您出示放行条。" （11）"对不起，请您到客户服务中心前台办理放行条。" （12）"对不起，辛苦您多跑一趟。办理放行条是为了全体业主的财产安全，请您多加谅解！" （13）"您好，麻烦为您的狗套上狗绳，谢谢您的支持和配合！" （14）"您好，麻烦您清理小狗粪便，出门遛狗请您带上报纸、垃圾袋。园区的环境需要你我共同维护！" （15）"您好，请看护好您的宠物，以免惊吓他人，谢谢您的支持和配合！"

（续表）

序号	情境	文明用语
4	解释规劝	（16）"您好，请到××区域遛狗，这里人较多，以免惊吓／伤害他人，谢谢您的支持和配合！"
5	提醒	（1）"您好！请小心台阶／请小心……" （2）"您好！请注意安全，小心地滑！" （3）"您好，湖边危险，请您不要靠近！" （4）"您好！请锁好车窗，贵重物品不要留在车内！" （5）"请坐好扶稳，照看好老人和小孩，车辆马上启动！" （6）"您好！注意安全，请照看好您的孩子／宠物／物品！" （7）"您好，今晚可能有台风／暴雨，请您关好门窗，做好防风／防雨准备！" （8）"我们已经在公告栏张贴了×××，请您留意，如有疑问，欢迎您随时来电咨询！" （9）"对不起，您的银行存折可能余额不足，请您及时补存，谢谢您对我工作的支持！"
6	道歉	（1）"对不起／非常抱歉／不好意思／请谅解／请多包涵！" （2）"对不起，让您久等了！" （3）"对不起，辛苦您多跑一趟！" （4）"由此给您带来不便我们深表歉意！" （5）"我们的工作还有不周到的地方，请您多多包涵！希望您一如既往地支持我们的工作！"
7	答谢	（1）"谢谢！" （2）"不用谢！" （3）"不客气，这是我们应该做的！" （4）"谢谢您的鼓励／理解／支持／配合！" （5）"谢谢，您的心意我领了，不用客气！" （6）"谢谢，您的心意我领了，如果我接受的话就违反了我们公司的规定！" （7）"感谢您的宝贵意见／建议，希望您一如既往地关注和支持我们的工作！"
8	道别	（1）"欢迎再次光临！" （2）"再见，请慢走。" （3）"这是您的物品，请拿好，再见！" （4）"对不起，耽误您了，请慢走，再见！" （5）"如果您还有其他问题请随时给我打电话，请慢走，再见！"
9	接听电话	（1）"您好，××物业，工号×××为您服务！" （2）"您还需要其他帮助吗？"

（续表）

序号	情境	文明用语
9	接听电话	（3）"请不要着急，您慢慢说！" （4）"您的电话信号可能不好，您的意思是不是这样……" （5）"不好意思，麻烦您稍等，我接下另外一台电话，先给他打个招呼！" （6）"您好，非常抱歉，我正在接待业主，请您留下电话，接待完后我马上回复您！" （7）"感谢您的来电，您反映的问题我们会马上处理并在最短时间回复您，再见！"
10	拨打电话	（1）"您好，×× 物业，工号 ×××，请问您是 × 先生 / 小姐吗（或 × 栋 × 房的业主吗）？" （2）"谢谢您的支持，再见！"
11	资料发放	（1）"这是您的收费单据（××× 使用说明书 /...），请您收好！" （2）"这是我们公司的有偿维修价目表，请您过目！" （3）"这是装修管理手册 /××××，请您收好，如有不明之处，请致电 ×××× 咨询！" （4）"为了园区规范管理，我们制定了统一的防盗门（防盗网）款式，但厂家不限，请您留意，谢谢您的配合！" （5）"麻烦您在这里签名，谢谢您的支持！"
12	拜访	（1）"您好，我是客服中心 ×××，这是我的工牌，（拜访目的）" （2）"不好意思，打扰您了！"
12	拜访	（3）"谢谢您的支持，请留步。" （4）"您好，打扰您了，我现在开始维修？" （5）"您好，我已处理完毕，请您看一看……，麻烦您在这里签个字，谢谢您的支持！"
13	盘查	（1）"您好！请问有什么需要帮助的？" （2）"您好，请问您到几号楼？" （3）"您好！请问您找哪位？" （4）"对不起，请问您住哪一栋哪一房？麻烦您出示您的证件，我们需要凭证出入楼栋大堂，谢谢您的配合和支持！"

二、服务禁语

序号	情境	服务禁语
1	称呼	（1）"喂" （2）"哎" （3）"嘿"

（续表）

序号	情境	服务禁语
2	回答询问	（1）"不知道（不清楚）" （2）"这个不归我管" （3）"怎么还问" （4）"你有完没完" （5）"你去问别人吧" （6）"你不能等一下吗" （7）"没见我很忙吗" （8）"你真烦人" （9）"你事真多" （10）"你问我，我问谁" （11）"不是和你说过了吗" （12）"这是规定，难道我会骗你吗" （13）"你买房的时候怎么不看好" （14）"这是其他部门的事，你找他们吧" （15）"这是领导说的，我也没办法"
3	收取费用	（1）"你该交费了" （2）"不交钱停你水电" （3）"交没交你自己不清楚吗" （4）"你自己不会算呀" （5）"我们不会算错的"
4	上门服务	（1）"修不来" （2）"急什么，没看见我正忙吗" （3）"修不好就修不好，找谁都一样" （4）"我要下班了，明天再来" （5）"我们做不了，你自己想办法吧"
5	临近上下班	（1）"还没上班，待会儿再来" （2）"快点，我们要下班了" （3）"怎么这么晚，你怎么不早点来" （4）"下班了，明天再来"
6	受到指责批评时	（1）"我就是这样" （2）"有意见找我们主管" （3）"你爱和谁说和谁说" （4）"尽管投诉好了" （5）"又不是我让你搬这儿来住的" （6）"大不了我不做了，怕什么"

三、实施各种教育培训

　　物业服务企业应向每一位员工灌输遵守规章制度和工作纪律的意识。此过程有助于员工养成遵守规章制度的习惯，培养员工对企业、部门及同事的热情和责任感（如图4-66至图4-69所示）。培训分岗前培训和在岗培训两种。

图4-66　经常进行教育培训

图4-67　保安人员培训

图4-68　保洁人员礼仪培训

图4-69　急救培训

（一）新员工岗前培训

　　岗前培训就是新员工上岗之前的培训。岗前培训是素养的第一个阶段，从新员工入职的那一天起，不论是技术人员、管理人员，还是作业人员都必须接受培训。它包括以下四个方面的内容。

（1）学习该岗位需要的专门技能。

（2）学习物业服务企业的各项规章制度。

（3）学习待人接物的基本礼仪。

（4）熟悉企业环境、作息时间等。

（二）老员工在岗培训

在岗培训是指为了提高老员工的工作技能，为老员工安排的各种有针对性的培训活动。在岗培训是将员工素养提高到更高层次的重要手段，但不能只局限在作业技能的提升方面，也应当重视员工的日常行为规范方面，如对习惯跷二郎腿的员工进行培训，调整为标准坐姿。

四、推动各种积极向上的活动

在物业服务企业中推行各种积极向上的活动，以调动员工的积极性。

（一）晨会

晨会是一个非常好的提升员工素养的平台。物业服务企业应建立晨会制度，使员工保持良好的精神面貌（如图4-70所示）。

图4-70 开晨会

1. 开好晨会的窍门

（1）晨会的时间。可以安排在班前开，时长一般在10～20分钟为宜（与人数多少有关，如果10人以上，可以考虑分组召开）。

（2）晨会的地点。一般选择在就近的工作场所或办公区域，但是要确保开会时周围环境不影响晨会的效果。

（3）整队后晨会。所有员工必须按统一要求，做到站姿标准、着装统一、整齐划一，主持人在队列前方进行讲评。

（4）主持人的选定。开始阶段，最好以团队主管为主，之后根据部门情况，决定是否调整或轮流主持。

（5）主持人站位。主持人要在队列前方的位置，两眼目视团队成员。

（6）晨会要遵循的原则。只谈结果，不解释原因、不解释困难；对成员之间可以自行协调解决的，不得提报晨会；晨会非讨论会议，不能反复纠结于某事，凡只牵扯个别人、耗时较长的，一律会后解决，等等。

2. 有效晨会的模式

高效的晨会需要做到目的明确、条理清晰、节奏紧凑、速战速决。具体可以考虑图4-71所示的顺序。

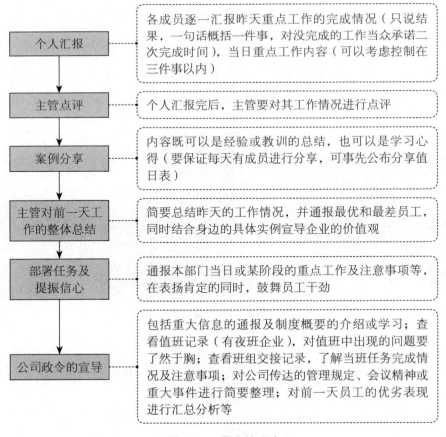

图4-71 晨会的顺序

【实例05】

物业服务中心晨会规范

一、目的

统一指令、互相沟通、上传下达、提高士气、解决问题。

二、时间

每周一至周日（上午8：30～8：45，各部门可根据上班时间进行调整，必须在上班前开始。

三、形式

各物业服务中心自行组织。

四、人员

物业服务中心经理、副经理、经理助理、客服主管、客服、楼管员、维修主管、维修工、秩序队长、秩序班长。

五、内容

（一）点名（拿《花名册》点名，记录未参与人员名单并上报经理）。

（二）主持人（物业服务中心由经理安排）讲："请大家整理仪容仪表"。

主持人讲："早上好！"（鞠躬）

全体人员讲："早上好！"（鞠躬）

主持人讲："某月某日晨会现在开始，我们今天的态度是……"

全体人员讲："积极、主动、热情。"（要求声音洪亮。）

主持人讲："六大待客用语，谁来带读？"

某员工讲："我来带读。"（并举手）

主持人讲："××。"

领读人讲："好的，知道了。"

领读人讲："您好！" 全体人员讲："您好！"（微笑、鞠躬）。

领读人讲："好的，知道了！" 全体人员讲："好的，知道了！"（微笑、鞠躬）

领读人讲："请稍等一等！" 全体人员讲："请稍等一等！"（微笑、鞠躬）

领读人讲："对不起！" 全体人员讲："对不起！"（严肃、鞠躬）

领读人讲："谢谢您！" 全体人员讲："谢谢您！"（微笑、鞠躬）

领读人讲："请慢走！" 全体人员讲："请慢走！"（微笑、鞠躬）

领读人讲："以上！"全体人员讲："知道了！"（鞠躬）

主持人讲："回报业主三大精神——真诚欢迎业主入住。"

全体人员讲："真诚欢迎业主入住。"

主持人讲："细心体察业主需要。"

全体人员讲："细心体察业主需要。"

主持人讲："用心提供优质服务。"

全体人员讲："用心提供优质服务。"

主持人讲："以上！"

全体人员讲："知道了！"（鞠躬）

（三）经理通报前一天发现的问题及有效的解决办法。（经理讲："以上！"全体人员讲："知道了——鞠躬"）

（四）各部门（各班组）提出需要协调的问题。（各部门相关人员讲："以上"！全体人员讲："知道了——鞠躬"）

（五）物业服务中心领导提出本日的工作要求。（领导讲："以上！"全体人员讲："知道了——鞠躬"）

（六）主持人带领全体人员做一遍爱的鼓励。

（七）通报当日总值班人员。

（八）例行晨会流程

主持人讲："今天的工作从现在开始，让我们共同努力（以上）。"

全体人员讲："知道了（鞠躬）。"

（九）全体人员击掌散会。

六、要求

（一）主持人吐字清楚、声音洪亮。

（二）队列分两队，面对面站立，领导站在两队中间的顶端。

（三）全体员工（包括物业服务中心经理）必须带工作记录本，认真记录相关问题。

（四）经理讲话内容包括总结昨日工作，安排今日工作，通报好人好事（要讲到具体人），批评不到位现象（对事不对人），通报公司领导讲话指示。工作安排必须非常具体，明确责任人、考核人和完成期限。

（五）全体参会人员必须按照物业服务企业规定着工装，男女员工穿黑色皮鞋、深色袜子。胸卡佩戴在左胸上衣兜处，男员工必须系领带。

（六）仪容仪表。着装整齐干净，男员工头发前不遮眉，女员工头发过肩必须扎盘起来，淡妆上岗。

（七）队列整齐、站姿规范。女员工左脚至于右脚窝处，成"丁"字步站立，双手虎口相交，右手搭于左手上，两眼平视前方；男员工双脚开立与肩同宽，双臂自然下垂于体前，双手虎口相交，左手搭于右手上，大拇指放于手内侧，两眼平视前方。

（八）所有人员精神饱满。

×××物业管理有限公司

年　月　日

（二）征文比赛

物业服务企业开展5S活动征文比赛，可加深员工对5S活动的理解和认识，使每位员工分享5S活动带来的成就感，使5S活动能够持久有效地开展下去。以下是一份开展5S征文大赛的通知，供参考。

【实例06】

关于开展5S征文大赛的通知

全体同事：

为了进一步宣传5S理念，推进企业5S认证制度，加强企业5S管理，提高员工综合素质，使大家对5S有更加全面、深刻的认识，经公司管理层研究决定在全公司范围内开展5S征文大赛。

一、征文主题

以"我与5S"为主题，征文内容既可叙述5S活动中的感人事迹，也可畅谈推进5S的感受，还可阐述对5S理念的新认识，对推进5S活动的好建议等。文体不限，题目自拟，字数在1500字左右（诗歌在30～50行）。打印稿用A4纸，书写稿用16开稿纸。在题目下方正中写明部门、班组、姓名（必须手写）。

二、奖项设置

设一、二、三等奖各1～2名、3～5名、5～8名。

三、投稿办法

作品直接送 5S 推进委员会。

四、投稿截止时间

××月××日

××年×月×日

（三）5S 活动知识竞赛

开展 5S 活动知识竞赛可进一步强化员工对 5S 管理的认识，增强部门之间的团队合作精神，对推行 5S 管理起到很好的促进作用。

【实例 07】

5S 活动知识竞赛题示例

一、填空题

1. 5S 指的是整理、整顿、清扫、清洁、素养。

2. 整理就是把工作环境中必需和非必需的物品区分开，在岗位上只放置适量的必需品。

3. 整顿就是把必需的物品再进行分类，根据使用频率确定放置的位置及方法，使必需品置于任何人都能立即取到和立即放回的状态。

4. 清扫将岗位变得无垃圾、无灰尘、干净整洁，将设备保养得干净完好。

5. 清洁将整理、整顿、清扫进行到底，并做到标准化、制度化。

6. 素养是指员工按要求执行规定了的事情，并养成一种习惯。全面提高员工的素质，彻底改变每个员工的精神面貌，这是 5S 追求的最高境界。

7. 5S 的本质不是大扫除，对企业而言，5S 是一种态度；对管理者而言，5S 是基本能力；对员工而言，5S 是每天必做的工作。

8. "5S 管理"是现代企业行之有效的管理理念和方法，也是有效展开其他管理活动的基础。其作用是提高效率，保证质量，使环境整洁有序，预防为主，保证安全。

9. 遵守标准、养成习惯是 5S 中素养的要求，既有利于员工品质的提升，也是 5S 活动的最终目的。

10. 现在很多公司要求员工必须穿工作服，并且要干净整洁，同时要求与客户见面要使用文明用语，这属于 5S 工作中<u>素养</u>的范畴。

11. 5S 中<u>清洁</u>的目的是保持整理、整顿、清扫后的良好环境。

12. 区分工作场所内的物品为"要的"和"不要的"是属于 5S 中<u>整理</u>的范畴，物品乱摆放属于 5S 中<u>整顿</u>的处理内容。

13. <u>整理</u>主要是排除空间上的浪费，<u>整顿</u>主要是排除时间上的浪费。

14. 将垃圾清理出厂区属于 5S 中的<u>清扫</u>。

15. <u>清扫</u>的目的是消除"脏污"，稳定品质，预防发生故障。

16. 将产品分类码放整齐，属于 5S 中<u>整顿</u>的内容。

二、选择题

1. 谁承担 5S 活动成败的责任？（D）

    A. 总经理   B. 委员会

    C. 科长   D. 公司全体

2. 公司什么地方需要整理、整顿？（ABCD）

    A. 工作现场   B. 办公室

    C. 全公司范围的每个地方   D. 仓库

3. 我们对 5S 应有的态度？（B）

    A. 口中应付，走走形式   B. 积极参与行动

    C. 事不关己   D. 看别人如何行动再说

4. 公司的 5S 应如何做？（A）

    A. 5S 是日常工作的一部分，靠大家持之以恒地做下去

    B. 第一次有计划的员工做，以后靠管理者做

    C. 做 4 个月就可以了

    D. 车间做就可以了

5. 5S 中哪个最重要？（A）

    A. 人人有素养   B. 地、物干净

    C. 工厂有制度   D. 生产效率高

6. 清扫在工作中的作用是什么？（B）

    A. 清扫是随手做的事情   B. 清扫是工作中的一部分

    C. 使地、物干净   D. 提高生产效率

7.5S 和产品质量的关系？（B）

    A. 工作方便　　　　　　　　　　B. 改善品质

    C. 增加产量　　　　　　　　　　D. 没有多大关系

8.5S 与公司及员工有哪些关系？（A、D）

    A. 提高公司形象　　　　　　　　B. 增加工作时间

    C. 增加工作负担　　　　　　　　D. 安全有保障

9. 进行整顿工作时，要将必要的东西分门别类，其目的是（C.）

    A. 使工作场所一目了然　　　　　B. 营造整齐的工作环境

    C. 缩短寻找物品的时间　　　　　D. 清除过多的积压物品

10. 在清洁工作中，应该（D）

    A. 清除工作中无用的物品

    B. 将物品摆放得整整齐齐

    C. 在全公司范围内进行大扫除

    D. 将整理、整顿、清扫工作制度化，并定期检查评比

三、判断题

1. 整理工作是 5S 的第一步，即将物品分为必需的和不必需的，不必需的物品清除掉，这一步的目的是节约空间。（√）

2. 仪容不整的员工会导致不易识别，妨碍沟通协调。（√）

3.5S 活动可以不坚持执行，可以因情况的变化中途停止。（×）

4. 清扫是保证品质和提高效率的一种技术。（√）

5. 小刘出差前，为保持桌面干净整齐，将桌上的所有文件都锁到抽屉里。（×）

五、检查素养效果

开展素养活动之后，物业服务企业要对素养的各个方面进行检查，查看效果。素养的检查内容如下。

（一）日常活动

（1）是否已经成立 5S 小组。

（2）是否经常开展有关 5S 活动的交流、培训。

（3）管理者是否重视 5S，并率先推广。

（4）全体员工是否实施 5S，并对实施 5S 活动充满热情。

（二）员工行为规范

（1）是否做到举止文明。

（2）是否遵守公共场所的规定。

（3）是否能够在工作中齐心协力。

（4）是否遵守工作时间，不迟到早退。

（5）同事之间是否能够友好地进行沟通交流。

（三）服装仪表

（1）员工是否穿着规定的工作服上岗；服装是否干净、整洁，如图 4-72 所示。

（2）员工是否按规定佩戴铭牌等。

（3）鞋子是否干净。

（4）员工是否勤修指甲，如图 4-73 所示。

（5）员工是否勤梳理头发，面部是否清洁。

图 4-72　检查服装仪表

图 4-73　检查手指甲

第五章

物业5S管理与目视化实践

第一节 设备房5S管理与目视化实践

设备房是物业服务企业推行目视化管理与 5S 活动的重要场所，本节重点介绍设备房管理的通用要求，图 5-1 所示为活动开展后的设备房整体环境。

图 5-1 设备房整体环境

一、设备房门前

（1）设备房门外环境整洁，无堆放杂物、乱停放车辆等现象（如图 5-2 所示）。

（2）设备房门外划警示线并标上"禁止停放车辆及堆放杂物"字样（如图 5-3 所示）。

（3）门外警示线标识按图示尺寸要求制作。

图 5-2　设备房门前无堵塞通道现象

图 5-3　"禁止停放车辆及堆放杂物"字样

二、设备房门窗

（1）设备房门窗完好，无变形、脱漆、生锈，开 / 关灵活。

（2）门窗整洁，框边无装修污染，线条平直。

（3）设备房门上锁，监控中心存放备用钥匙。

（4）设备房门有房门标识和"机房重地、闲人免进"等的标识，如图 5-4 所示。

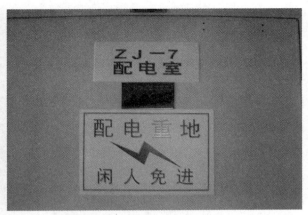

图 5-4　设备房门标识

三、门口挡鼠板

（1）挡鼠板安装在机房出入门口处，如图 5-5 所示。

（2）挡鼠板高度 50 厘米、厚 1 厘米，宽度与门宽相等。采用 PVC 胶板或不锈钢板制作，可抽除。

（3）防鼠板中间位置标注"防鼠挡板、小心跨越"的标识。

（4）挡鼠板周边设置 5 厘米宽、黄黑相间的警示线。

（5）挡鼠板要完好、整洁、无生锈，安装牢固。

图 5-5　挡鼠板

四、设备房地面

（1）设备房地面铺防滑地砖或刷绿色／灰色地坪漆，如图 5-6 和图 5-7 所示。

（2）地砖要求铺贴平整，无明显高低差（接缝高低差为 0 ～ 0.5 毫米），地面砖与墙面之间收口缝隙顺直、严密，地砖无严重色差、无破损、无空鼓。

（3）刷地坪漆前要先用水泥砂浆找平、压光，做到收光平整、无脱漆、无污染、不返沙。

（4）地面整洁、无污渍。

图 5-6　刷绿色地坪漆

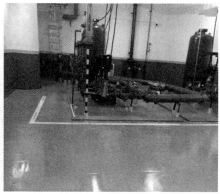

图 5-7　铺防滑地砖

五、警示线、物品定位线

（1）在距离设备 70 厘米处设置黄黑相间的警示线，设有"黄线内非专业人员请勿进入"的警示标识。

（2）在放置灭火器和清洁用具周边延伸 30 厘米设置定位线，定位线内有放置相应物品的名称标识。

（3）警示线宽 10 厘米，黄黑相间的警示线要求黄黑线宽 5 厘米，呈 45 度倾斜，可采用油漆刷涂或警示胶带粘贴，如图 5-8 所示。

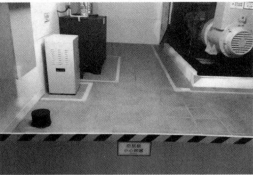

图 5-8　警示线、物品定位线

六、墙面、天花板

墙面、天花板管理通用标准如下。

（1）刷白色乳胶漆，表面平整、明亮，色泽均匀无色差，墙面整洁、无发霉、泛黄和污渍，无裂纹，无起皮掉灰。

（2）在高出地面 15 厘米处铺贴黄色瓷砖或刷深灰色踢脚线，踢脚线上口平直。

（3）墙面阴阳角顺直、方正。

（4）墙面和天花板无渗漏水现象。

墙面、天花板目视化管理实践如图 5-9 所示。

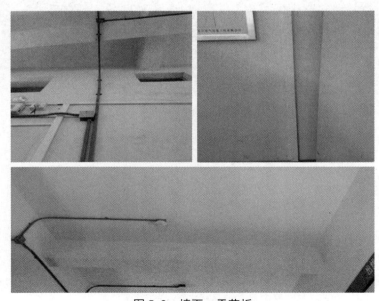

图 5-9　墙面、天花板

七、消防器材

（1）机房内消防电话通话正常，语音清晰，电话正上方处张贴"消防电话"标识，标识牌上有电话编号。

（2）根据设备房需求，水泵房、电梯机房、监控中心、消防风机房等一般性设备机房配置 ABC 干粉灭火器，单个机房至少配 1 瓶，面积超过 15 平方米的按 2 千克 /15 平方米的比例配备；大型配电房、发电机房、网络机房需配置七氟丙烷或手推车式干粉灭火器。

（3）灭火器摆放在出入口 1.5 米范围内，便于取用，装箱摆放或灭火器离地 20 厘米吊装，在其正上方墙上张贴"消防器材，非火灾严禁挪用"标识牌。

（4）每月检查一次，保证灭火器在有效期内，能正常使用。

消防器材的目视化管理实践如图 5-10 所示。

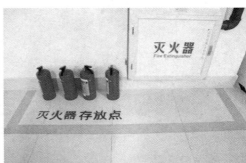

图 5-10　消防器材

八、机房通风

机房通风管理通用标准如下。

（1）机房通风良好，有对流通风口，通风设备（或空调）运行正常。

（2）通风设备由独立开关控制，不得与照明灯共用开关。

（3）通向室外的排气扇出风口需安装防雨罩，且有不锈钢护网。

（4）在墙上记录表旁悬挂温湿度计。

（5）机房要求温度低于38℃，相对湿度低于75%。

机房通风目视化管理实践如图5-11和图5-12所示。

图5-11　机房通风装置

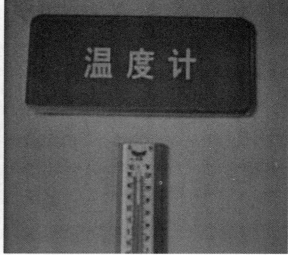

图5-12　温湿度计

九、机房照明、应急照明

（1）机房照明灯具完好，光线充足，灯具安装位置合理，灯光无遮挡。

（2）机房内有应急照明或安装双头应急灯。

（3）单个机房配置应急灯不少于1盏，机房面积大于20平方米配置2盏。

（4）应急灯正常亮灯，外表整洁、无生锈、安装稳固。

（5）应急灯安装高度为2.2～2.5米，确保能够通过应急光源紧急进行作业。

机房照明、应急照明目视化管理实践如图5-13和图5-14所示。

图5-13　机房照明灯具完好，灯光无遮挡

图5-14　应急照明灯

十、上墙文件

（1）设备房管理制度、安全操作流程、应急预案上墙。

（2）采用 A3 版铝框安装，周边用木饰条围边。

（3）安装在设备房内靠近门口左侧或右侧墙壁明显位置，底边离地 160 厘米。

（4）要求安装固牢，整齐美观。

（5）要求上墙文件为受控文件，内容清晰、无发黄、无损坏。

上墙文件目视化管理实践如图 5-15 所示。

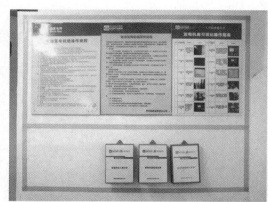

图 5-15　设备房管理制度、记录、巡视流程上墙

十一、记录表格

（1）悬挂在上墙文件下，底边离地 120 厘米，吊装文件夹。

（2）采用 A4 版表格加封面，封面字体为微软雅黑，字号为 72 号，封面有公司 Logo。

（3）记录表格包括"设备房巡查记录表""设备运行记录表""设备保养记录表""外来人员登记表"。

（4）表格记录整洁、无涂改，字迹清晰不潦草。

记录表格目视化管理实践如图 5-16 所示。

图 5-16 设备房内的记录表格

十二、设备房责任人信息

（1）张贴在上墙文件旁。

（2）采用 A4 版铝框安装，或原有尺寸框装。

（3）信息内容包括设备责任人姓名、5 寸照片、相关上岗证复印件。

设备房责任人信息目视化管理实践如图 5-17 至图 5-20 所示。

图 5-17 设备房责任人卡片

203

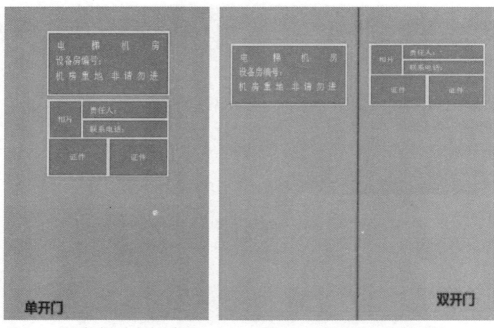

| 图 5-18　单开门责任人卡片标志图示 | 图 5-19　双开门责任人卡片标志图示 |

图 5-20　房门标志及安全管理责任牌

十三、线管、线槽

（1）设备房内所有电线必须走线管或线槽，不得外露。

（2）线管、线槽走向横平竖直，布线整齐不凌乱。

（3）线管、线槽外观完好、整洁，色泽光亮，无脱漆生锈，无装修污染。

（4）线槽盖无缺失、安装牢固。

（5）突出地面的线槽应刷黄黑相间界线。

线管、线槽目视化管理实践如图5-21和图5-22所示。

图5-21　所有电线走线管

图5-22　电线走线线槽，无外露

十四、应急工具

（1）在配电房、发电机房、水泵房配备应急工具箱，内有活动扳手1把、平钳1把、十字批1把、一字批1把、卡簧钳1把、铁锤1把、梅花开口扳手1套、套筒扳手 1 套、内六角扳手一套等。

（2）工具箱挂于记录表格旁的墙上，工具箱下沿离地 120 厘米。

（3）工具整洁、完好，能正常使用。

应急工具目视化管理实践如图 5-23 至图 5-25 所示。

图 5-23　安全工具柜

图 5-24　鞋套存放柜

图 5-25　配电房内的应急工具柜

十五、清洁工具

（1）机房须配备清洁工具，包括清洁桶、拖把、扫把、垃圾斗、抹布。

（2）清洁工具统一摆放在机房内不影响机房使用及通行的角落，并设置定位带。

（3）清洁工具须整齐挂置墙上或靠墙摆放，墙面须涂刷白色涂料（或设置玻璃板、铝塑板、瓷砖等），以便墙面清洁。

设备房清洁工具摆放示例如图5-26所示。

图5-26 保洁工具定置

十六、设备和环境卫生

（1）设备干净、无灰尘、无污渍。

（2）设备油漆完好、色泽光亮，无脱漆生锈现象。

（3）设备房环境整洁，严禁堆放易燃、易爆物品及杂物。

（4）保洁工具摆放在固定位置，整齐有序。

设备和环境卫生目视化管理实践如图5-27和图5-28所示。

图 5-27　设备干净无尘

图 5-28　设备油漆完好

十七、标识牌、设备卡

（1）设备上应粘贴相应的设备名称标识牌、设备卡和运行状态标识牌。

（2）设备名称和运行状态标识牌应粘贴于设备正面明显位置；水泵类的设备名称标识牌粘贴于电机风罩上，设备卡粘贴于电机接线盒盖子上；配电柜、控制柜、控制箱类的设备名称标识牌粘贴于柜体或箱体的正上方，设备卡粘贴于右上角。

（3）设备标识、标牌粘贴整齐美观，同类标识粘贴高度一致。

（4）所有设备标识按公司 VI 手册要求制作，不得采用打印过塑的方式，设备名称标识牌和设备卡应采用背胶形式粘贴，运行状态标识牌采用磁条磁贴。

标识牌、设备卡的目视化管理实践如图 5-29 至图 5-31 所示。

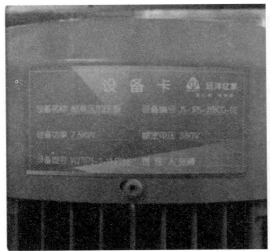

图 5-29　设备卡

图 5-30　运行状态标识牌

图 5-31　设备指示灯显示正常，悬挂设备运行状态标牌

第二节　工程机房5S管理与目视化实践

一、水泵房

（一）硬件配置要求

（1）门扇为外开防火门，门洞有挡鼠板，挡鼠板材质为金属材料，高度为60厘米。

（2）水泵房的天花板、墙面刷白（如泵房噪声对外有干扰，应做吸音处理），无霉变、脱落。

（3）专用工具设备房内配置泵房专用工具，如应急灯、双指针温湿度计。发生火灾时正常照明电源会被切断，应急灯的蓄电池自动供电，可以引导被困人员尽快疏散到安全地带。

（4）地面贴砖，或者水泥抹平后涂刷两层地面漆（灰色或绿色），线槽和线管涂刷黄色油漆。地面做好防滑、防水处理。

（5）水泵房须设置排水沟，排水沟上加盖铸铁网，铸铁网涂两遍黑色的防锈油漆。

（6）水泵基座应高于地面，基座周围应有通至地漏或集水井的排水明沟。水泵基墩主体涂黑色油漆，边缘涂5厘米宽黄色定位线。

（7）设备房内设备本体及可移动设备均须明确摆放位置，并划出定位带，定位带宽度为5厘米，颜色为黄色或黄黑相间色。定位带既可以使用油漆涂刷，也可以使用黄黑胶带。

（8）水泵的泵体、电机外壳支架和水泵的电源箱（柜）或控制柜的保护油漆面应保持良好，不应有锈蚀。电机表面的油漆不宜加厚，避免造成散热不良。

（9）各水泵、阀门、管道接头、法兰接口无渗漏现象。

（10）管道及其他附件表面无锈蚀、保护层完好，管道的支、吊架牢固。管道接头、法兰的连接螺栓及水泵地脚螺栓无锈蚀。

（11）阀门阀杆无锈死及锈蚀，如涂上黄油，需加套PVC管防止滴漏。

（12）在正常情况下，生活水泵、消防水泵、喷淋水泵、排污水泵等的控制开关均应置于自动位置。

（13）二次供水的水箱的盖子应上锁，钥匙由专人管理。在水箱醒目位置设置清洗时间卡片。

（14）水箱透气管、溢水口应以细沙网包扎，防止杂物掉入水箱。水箱的管路、管件无锈蚀、滴漏，水箱无渗水，保温层完好。排污泵的集水井应有可站人的铁栅上盖。铁栅应保持油漆覆盖，不应有锈蚀。集水井内无杂物。

（15）消防设备。凡设置配电控制柜的设备房须放置手提式灭火器两支，一般在设备房进门右侧靠墙摆放。在箱子四周的地面，距箱子10厘米的位置划出定位带。灭火器应加挂《灭火器材巡检卡》，保证灭火器在有效期内。烟温感探测器、消防电话等报警设备无故障。

（16）清洁桶、拖把、扫把、垃圾斗、抹布等统一靠（挂）墙（墙面须涂刷灰色防水漆或设置玻璃板、铝塑板、瓷砖等，以便墙面清洁）摆放，保证不影响机房使用及正常通行，并设置定位带。设备房卫生由工程人员负责。

有关水泵房硬件配置5S管理与目视化实践图如图5-32至图5-34所示。

图 5-32 水泵房门、消防水泵房门

图 5-33 消防水泵房内全景，泵管箭头标识

图 5-34　生活水泵房

（二）软件配置要求

1. 上墙文件

（1）《水泵房管理标准》。

（2）《水管爆裂、水箱满溢应急预案》。

（3）《生活水泵房设施设备操作及运行管理规程》。

（4）《消防水泵房设施设备操作及运行管理规程》。

2. 表单

"人员进出登记表""设备巡查表""设备维保记录"。

3. 专属标识系统

（1）所有的生活水泵房、消防泵房、减压阀房、稳压泵房、泳池泵房等门口应有房间功能标识牌。

（2）设备房门口设置安全警示标识，如"机房重地，闲人莫入"。

（3）设备房内部墙面设置岗位责任人标识，责任人的照片要求是彩色的。

（4）泵房内管道应喷上防腐油漆，并用箭头标明水流方向及管道内介质。

（5）阀门应挂上用耐用材料做成的标识牌，标识牌应标明该阀门正常工作时的应处状态（正反面一致）。

（6）所有控制柜、控制电箱应整洁无尘，并能正常工作。正确粘贴功能说明标识。

（7）控制柜标识应标明控制柜名称、设备编号和责任人，张贴在设备左上角或左下角。

（8）二次供水水泵房管路示意图（建议项）。按水泵房至各末端管路实际分布情况制作管路示意图上墙。

（9）消防湿式报警装置出水管道上须标注所属区域位置说明。

（10）阀门刻度标识建议置于阀门刻度周围，可粘贴不同颜色的不干胶，注解"安全"或"危险"区域范围。

有关水泵房软件配置5S与目视化实践如图5-35至图5-37所示。

图5-35　水泵上有低、中、高区标识牌

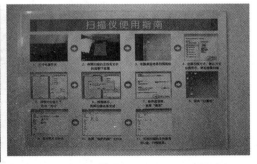

图5-36　用提示色标识警示、运动部件和不同管道

图 5-36　用提示色标识警示、运动部件和不同管道（续图）

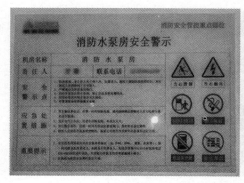
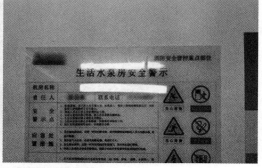

图 5-37　水泵房安全警示标识

二、电梯机房

（一）硬件配置要求

（1）门为外开防火门，门洞有防鼠板，挡鼠板材质为金属材料，高度为60厘米。

（2）机房正常上锁，钥匙由电梯外包单位及物业共同持有。

（3）设备区不得存放与运行无关的零散器材和私人物品，不应存放无关的设备、杂物和易燃性液体。

（4）天花板和墙身刷白，无漏水、渗水现象。墙身只允许挂"质量文档"及"工具"。

（5）地面刷专用地板漆（绿色或灰色）或铺防潮、防滑地砖。

（6）控制柜、主机周围划黄色警示线，警示线宽度为5厘米，颜色为黄色，既可以使用油漆涂刷，也可以粘贴黄黑胶带。

（7）机房内应有良好通风，保证室内最高温度不超过40℃。如排风扇安装高度较低，应设防护网；对有阳光照射的窗户或玻璃需加装遮阳装置。

（8）曳引绳、限速器钢丝绳、选层器钢带穿过楼板时，四周应筑有不低于10厘米的永久性防水围栏。

（9）盘车工具齐全，并挂在对应主机附近的墙上，便于取用。在盘车的手轮或电机的后端盖易于看到的位置，用明显的箭头标出盘车轮的转动方向与轿厢运动方向一致的标识。

（10）凡设置配电控制柜的设备房须放置手提式灭火器两支；一般放置于设备房进门右侧；在箱子四周的地面距箱子10厘米的位置划出定位带；灭火器加挂《灭火器材巡检卡》，保证灭火器在有效期内；烟温感探测器、消防电话等报警设备无故障。

电梯机房门上各类标识如图5-38所示。

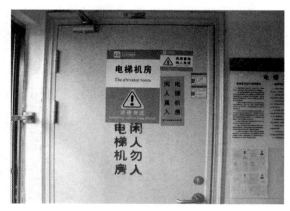

图5-38　电梯机房门上各类标识齐全

（二）软件配置要求

1. 上墙文件

（1）《电梯故障应急预案》。

（2）《电梯机房管理制度》。

（3）《电梯运行管理规程》。

（4）《电梯机房巡查管理制度》。

2. 表单

"人员进出登记表""设备巡查表""设备维保记录"。

有关电梯机房软件配置 5S 与目视化实践如图 5-39 和图 5-40 所示。

图 5-39　上墙文件和表单配备齐全

图 5-40　设备许可证和操作流程等上墙

3. 专属标识系统

（1）机房门口应有房间功能标识牌。

（2）设备房门口设置安全警示标识如"机房重地，闲人莫入"。

（3）设备房内部墙面必须设置有效电梯安全管理员上岗证和电梯维保单位有效电梯维修操作证。

（4）电梯机房控制开关，当同一机房内设置数台曳引机时，各主开关与照明开关均应设置标明各开关对应的电梯编号及对应控制设备名称的标牌。

（5）主机上方的承重吊钩不应有锈蚀现象，应涂刷黄色油漆，并在吊钩所在的承重梁上用永久的方式标明最大允许载荷。

（6）限速器轮方向设置曳引轮、导向轮（如有）、限速器轮方向标识。

（7）在机房曳引机钢丝绳上用红漆或者黄漆标示平层，且要在机房张贴平层标识图。

（8）困人解救工具包括开闸扳手、盘车手轮（如有）、油枪标识等。

有关电梯机房标识系统 5S 与目视化实践如图 5-41 和图 5-42 所示。

图 5-41　电梯主机干净无漏油、无锈蚀，照明灯具完好，地面划线清晰、标识完整

图 5-42　电梯五方对讲标识清晰，机房内配置救援工具

三、高低压配电房

（一）硬件配置要求

（1）设备完好，设备房内照明灯具完整，通风良好，不得堆放杂物。

（2）门扇为外开防火门，门洞有挡鼠板，挡鼠板材质为金属材料，高度为60厘米。防火门及金属门保持完好，可正常加锁，定期翻新防腐油漆。

（3）墙身、天花板刷白，无施工遗留痕迹。无明显的凹凸不平及挂尘的现象。墙身刷白，无漏水痕迹，无蜘蛛网。只允许挂"系统图"（高压）"质量文档"及工具。

（4）根据实际情况，选择以下一种方法处理地面。

① 水泥地板全部刷灰色地板漆。

② 铺防潮、防滑地砖。

③ 用阻燃夹板作地板。

（5）对穿过楼板的母线槽、电缆桥架做好防水浸的拦水基。配电室要有可阻水的防水门槛。

（6）电缆盖板齐全（无锈迹），沟内干净。

（7）绝缘垫表面无破损，无霉变，油漆无严重褪色。

（8）设置配电控制柜的设备房须放置手提式灭火器2～4支，放置于设备房进门右侧靠墙位置；在箱子四周的地面，距箱子10厘米的位置划出定位带；灭火器加挂《灭火器材巡检卡》，保证灭火器在有效期内；烟温感探测器、消防电话等报警设备无故障。

（9）拖把、扫把、垃圾斗等清洁工具须统一靠（挂）墙摆放，不影响机房使用及正常通行，并设置定位带。

有关高低压配电房5S与目视化实践如图5-43至图5-45所示。

图5-43 地面铺绝缘垫

图 5-44　屏柜、线缆走向、设备运行状态标识清晰

图 5-45　配电房内消防器材和清洁工具配备齐全并定位

（二）软件配置要求

1. 上墙文件

（1）《触电事故应急预案》。

（2）《突发停电应急预案》。

（3）《低压配电房管理制度》。

（4）《配电间（房）运行管理规程》。

（5）《供配电设备运行操作规程（高配）》。

（6）《供配电设备（设施）运行管理规程（高配）》。

2.表单

"人员进出登记表""设备巡查表""设备维保记录"。

有关高低压配电房软件配置 5S 与目视化实践如图 5-46 所示。

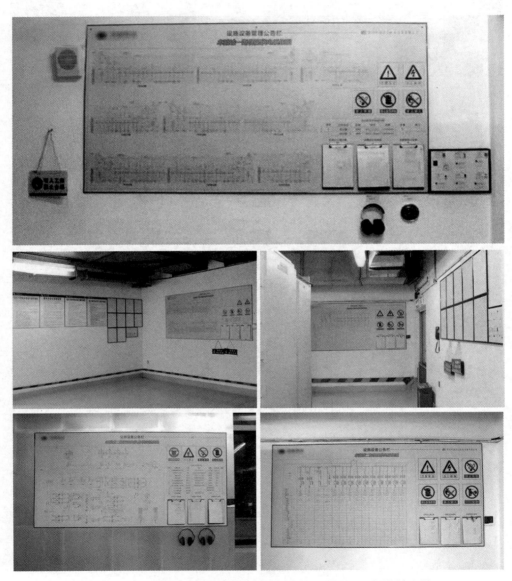

图 5-46　运维管理系统原理图、设备清单、值班记录规范等上墙

3. 专属标识系统

（1）门外吊／挂"低压配电室""非值班工作人员严禁入内"等白底红字的标识牌。

（2）设备房内部墙面设置岗位责任人标识牌。

（3）低压配电柜的顶部应明确标示该柜在系统中的编号，并必须和竣工图上的标号保持一致，并标明该柜的功能和用途。

（4）低压配电柜的所有送电开关面板上应用统一的字样表示该路开关的回路名称。

（5）低压配电送电的"母线槽""电缆"上应有已经标注回路名称的金属牌，在同一回路不同的适当位置注明同一标识牌。

（6）低压配电室及其他独立的配电室内的接地点应有明确统一的"接地点 # 号"的标识。

（7）"严禁合闸"的移动标识。

有关高低压配电房标识如图 5-47 至图 5-49 所示。

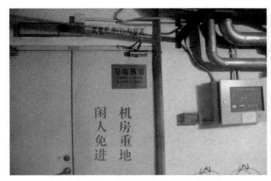

图 5-47　发电机房门上标识牌　　　　　图 5-48　低压电房门上标识牌

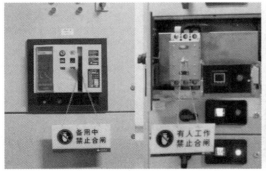

图 5-49　移动标识——"禁止合闸""送电"

四、材料工具间

（一）配置要求

（1）物业工程部的工具仓库间内，所有工具应归类统一、有序摆放。

（2）对工程工具实施"痕迹管理"，将其有序摆放在工具柜（架）内。

（3）双叉登高梯应由牢固的绳进行连结。对登高梯脚采用防滑处理。

（4）电动升降梯的护栏定位销及升降梯定位销完好。

（5）使用电源的移动工具无电线与插座破损和绝缘损坏现象。

（二）专属标识系统

（1）墙面工具存挂处。

（2）工具、材料领用卡。

（3）废旧材料回收处。

有关材料工具间 5S 与目视化实践如图 5-50 至图 5-56 所示。

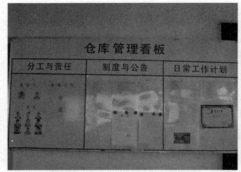

图 5-50 仓库管理看板

图 5-51 工具仓库管理制度上墙

图 5-52 工具间房门标识牌

图 5-53 工具架

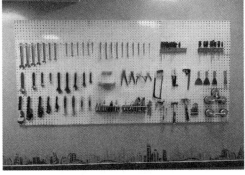

图 5-54 工具柜

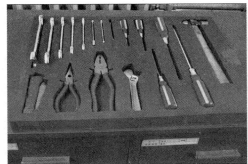

图 5-55 工具的"痕迹管理"示例

图 5-56 各工具合理归类

第三节　物业安全5S防护与目视化实践

一、监控中心（室）

（一）监控中心（室）入口

（1）独立设置的消防控制室，其耐火等级不应低于二级；附设在建筑物内的消防控制室应设置在首层或地下一层，与其他部位采用耐火极限不低于 2 小时的隔墙和不低于 1.5 小时的楼板隔开，隔墙上的门应为乙级防火门，并设置直通室外的安全出口。

（2）消防控制室的入口处应设置明显标志。

（3）监控中心的地板需选用防静电地板。

（4）设备控制区域与人行通道需用斑马线警示隔离。

（5）机房门上标识清楚、责任人员照片上墙，如图 5-57 所示。

图 5-57　机房门上标识清楚、责任人员照片上墙

（二）监控中心（室）值班台

（1）操作台面干净、整洁，电话、对讲机等定位清晰、标识明显（如图 5-58 和图 5-59 所示）。

（2）监控操作控制台上不允许放置与监控工作无关的物品，如茶杯、书报、香烟、打火机及其他影响监控工作与设备的物品。

（3）中央监控室内只允许放置与监控人员数量相同的工作椅，并应按固定位置摆放对讲机、充电器。

图 5-58　值班台上计算机定置　　　　图 5-59　值班台上物品定置

（三）监控系统

（1）显示屏显示正常，图像无变色、无失真现象（如图 5-60 所示）。

（2）摄像头无遮挡，监控画面清晰（如图 5-61 所示），无干扰、无黑屏现象。画面有中文地址。监控中心已安装反监控设备。

（3）显示屏外观整洁，无灰尘、污渍。

（4）显示屏下方有标识牌，标注显示器编号、显示范围和对应的录像机。

（5）显示器设备卡粘贴于显示器背面。

图 5-60　监控系统的设备管理卡参数齐全

图 5-61　员工统一着装，显示屏画面清晰

（四）制度上墙

（1）消防控制室管理及应急程序。

（2）火灾报警处置程序。

（3）重要电话号码表，包括公安、供水、供电、供气、医疗救护等公共应急救援服务机构的电话号码，本单位主要负责人和部门负责人的电话号码，多业主单位的值班人员电话号码。

（4）消防控制室值班操作人员岗位职责。

制度上墙及图表目视化管理实践如图 5-62 至图 5-66 所示。

图 5-62　消防监控室机房人员全部持证上岗，并配置温湿度计量表

图 5-63 监控中心各项记录

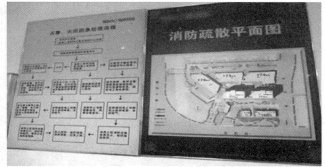

图 5-64 火灾处理流程、消防疏散图上墙

图 5-65 紧急救助电话印在墙上

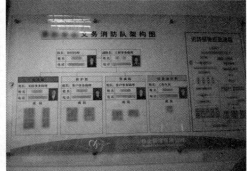

图 5-66 物业小区义务消防队架构图上墙

控制室内应备有下列档案资料。

（1）建筑图纸，包括建筑总平面图、各层建筑平面图（标明消防安全重点部位、变配电室等内容）、建筑消防设施平面布置图、消防设施系统图等。

（2）火灾自动报警系统编码表。

（3）灭火和应急疏散预案。

（4）建筑消防设施登记表。

（5）消防控制室和建筑消防设施管理制度。

（6）值班操作人员名单及岗位资格证书复印件。

（7）火灾自动报警系统等消防设施的使用说明、操作手册。

（五）应急器材、工具配备

（1）强光手电（人手一个）。

（2）火灾自动报警系统话机（不少于两个），对讲机（人手一个）。

（3）消防水泵房、变配电房、排烟风机房、电梯机房、管道井等消防设备用房的钥匙。

（4）建筑灭火器（4kg的ABC干粉，不少于四个）。

（5）消防扳手、消防斧、手动报警按钮复位工具。

（6）一次性防烟防毒面罩等个人防护用具。

监控中心清扫工具、消防物资定置目视化管理实践如图5-67所示。

图5-67　监控中心清扫工具、消防物资定置

（六）设备机具

（1）设备柜内设备摆放整齐有序，在机具正面左上角粘贴设备名称标识牌，机具背面粘贴设备卡。

（2）录像机运行正常，能正常存储和回放录像，存储时间长达1个月以上。

（3）设备柜内布线整齐规范、不凌乱；监控视频线有对应的线路名称标识牌，标识牌清晰准确。

（4）柜内整洁、无灰尘。

监控设备机具目视化管理实践如图5-68所示。

图5-68　监控设备干净，室内通风良好，标识完整

（七）监控中心钥匙柜

（1）使用钥匙要遵守相应的管理规定。

（2）钥匙柜应上锁，由专人管理钥匙，借用钥匙需登记。

（3）柜内钥匙摆放整齐有序，方便取用。

（4）柜内挂钥匙处及钥匙上应有相应的钥匙标签，标签字体清晰如图5-69所示。

图5-69　监控中心钥匙柜标识与记录清晰，钥匙摆放整齐

二、安全防护器具

（1）安全防护器具应置于专门的箱、柜、架内。

（2）安全防护器具都有定置，并有明确的标识。

（3）安全防护器具整洁、完好，能正常使用。

（4）安全防护器具保管人必须保证工具的完好并具备使用功能，必须定期检修并保养所属器具。

安全防护器具的目视化管理实践如图5-70至图5-74所示。

图5-70　消防器材装架／柜保管、防暴头盔、防刺服、防暴警棍等定置

229

图 5-71　安全管理工具齐全、规范

图 5-72　安全器材管理规范、标识清楚

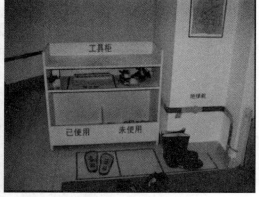

图 5-73　安全工具管理定置、标识明确

图 5-74　消防工具定置、标识明确

三、保安值班室（亭）

（1）保安值班室（亭）出入口的物业服务铭牌要明确标注小区名称、物业服务单位名称、投诉监督电话、小区物业接待窗口地址、接待时间和服务电话、物业服务热线等。

（2）保安值班室（亭）要做到环境整洁，各种物件摆放有序，不得堆放杂物。桌面物品如图 5-75 所示摆放。

停车出入卡	对讲机	放行条	电话	工作日记本	车辆登记本	来客登记本
桌面						

图 5-75　桌面物品摆放图例

停车出入卡、对讲机、放行条等只能放在桌子的左上角（占上半部分的三分之一）；其他物品放在桌子的右上角（占上半部分的三分之二）；左边物品竖放，右边物品横放。茶杯、夜间值班时用的橡胶棍等物品一律不得放在台面上，充电器、电池由班长统一存放在监控中心，由监控室人员负责保管；其余与工作无关的物品如杂志、报纸、香烟、打火机一律不得带入值班室，值班室不得存放任何与工作无关的物品。

（3）固定岗值班人员使用圆凳或其他没有靠背的座凳时要保持上身是正直的，双手放在膝盖上，两脚分开与肩同宽。

231

（4）当班人员要经常清洁台面，保持干净。

（5）将巡更器放在值班员容易操作的地方，将风扇悬挂在墙面上，若岗亭内不能悬挂电风扇，就要将风扇放在岗亭的角落。

（6）保安值班室（亭）内按"静、齐、明、洁、亮"的标准保持环境卫生，做到地面无垃圾，墙面无积尘，电话机、报警器、公用物品无积垢，室外无垃圾、积水及堆放物。

（7）记录本、登记本、会客单、物品放行单、人员外出单等须按规定统一摆放，保持整洁、无缺损。

保安值班室（亭）的目视化管理实践如图5-76和图5-77所示。

图5-76　保安亭外景

图5-77　保安亭内景

四、电梯安全

（1）每部电梯的作业标识牌规范统一。

（2）电梯维修人员和保修人员统一，如果维保人员和维保单位发生变动要及时进行更新。

（3）制作电梯周检表、安全须知和电梯乘客须知指示板。电梯周检表、安全须知和电梯乘客须知等应设置在现场，每一部电梯的运行情况、检修情况，以及乘客须知和安全注意事项等都要让业主一目了然。

电梯安全的目视化管理实践如图 5-78 和图 5-79 所示。

图 5-78　电梯安全提示标识牌

图 5-79　自动扶梯的安全提示标识牌

五、保安宿舍

（1）保安宿舍应保持整齐清洁、通风良好、无蜘蛛网、无污迹、无积尘、无四害。

（2）床上用品自下而上按褥子、床单、被子的顺序铺放。

（3）床架摆放整齐，做到床架之间横、平、竖、直，成一条直线，床板、凉席、被子应铺平放好，成同一平面，并做到干净整洁、棱角分明。

（4）床下摆放的鞋，鞋尖须朝外，并保持干净整齐，床铺下不能有任何杂物。

（5）口杯（牙刷牙膏）、毛巾、水桶等日常用具必须按规定摆放并保持整齐干净。

（6）衣服及其他生活用品必须放入指定的地点或柜内，不能乱扔乱放，任何时候室内不准晾挂衣物。

（7）宿舍内的痰盂、烟缸、纸篓应及时清倒，不得把剩饭剩菜等容易变质的食物留在宿舍内，避免影响宿舍卫生。

表 5-1 为某物业项目保安宿舍目视化标准（节选）。

表 5-1　某物业项目保安宿舍目视化标准（节选）

序号	物品要求	示意图
1	被子：置于床铺的后端中央。被子竖叠三折、横叠四折，叠口朝前（宿舍大门的方位为前侧），毛边朝里（靠墙一侧为里侧）	
2	床单：平铺床上，铺垫应平整，无明显褶皱	
3	枕头：置于被子与墙之间的一侧。摆放整齐，理平	
4	斑马线：置于床下，左右两侧各一个，按统一标准进行粘贴，与床沿齐平	
5	马扎：每张床铺下摆放两个，分别摆放于外侧，距离左、右床脚十厘米处，马扎统一折起，摆放整齐，凳面朝外，不得超过床沿	
6	脸盆：置于床下马扎上，摆放整齐	

235

（续表）

序号	物品要求	示意图
7	毛巾：平铺于脸盆上，正面外漏约对折后的1/3，对折、理平	
8	鞋（拖鞋）：置于左（右）马扎的右（左）边；鞋尖朝里，与马扎平行摆放	
9	鞋（其他）：置于宿舍鞋架上；鞋尖朝里，摆放整齐	
10	手机充电：统一位置统一充电；上班期间不允许进行充电，及时将手机及充电器收好，并关掉电源开关；仅供手机充电使用，严禁它用	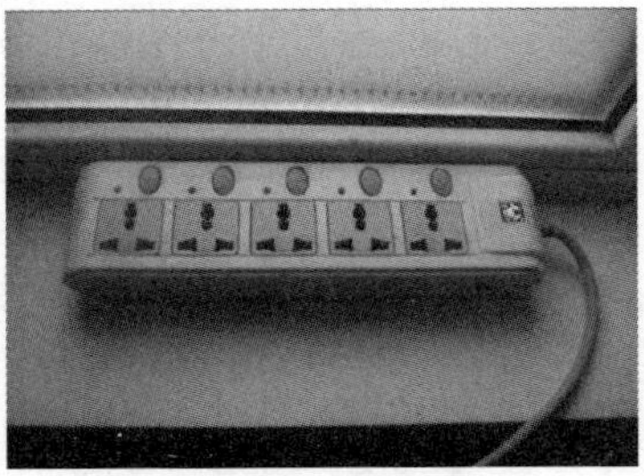

第四节　物业保洁5S管理与目视化实践

一、保洁工具房

物业服务企业利用清洁、清理、整顿对保洁工具房进行分区管理，实现独立办公、休息、仓储的功能（如图5-80所示）。

图 5-80　保洁工具房全景

（一）工具房门口

（1）工具房门口周围内应保持无杂物，地面无灰尘，天花板无蜘蛛网，墙壁挂饰整洁。

（2）工具房门上应张贴醒目标识牌（如图 5-81 所示）。

图 5-81　工具房门上贴标识牌

（二）整体区域划分

（1）工具房划分为不同功能区域，如工具摆放区、物料摆放区、办公区和休息区（如图 5-82 至图 5-84 所示）。

（2）地面刷黄色油漆进行划分。

（3）保持地面干净整洁、无灰尘、无杂物。

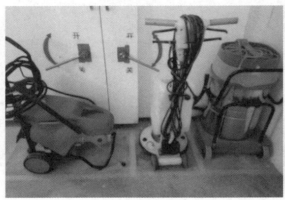

图 5-82　工具摆放区

图 5-83　物料摆放区

图 5-84　办公区和休息区

（三）工具摆放区

按照场地实际情况设立工具摆放区，用于摆放清洁用具。大型机器如洗地机可设置在门口外侧，小型的板车、水管等放置于室内；拖把、扫把经过清洁后悬挂在墙上。

（1）工具摆放区用于摆放各种清洁机器、用具；地面喷漆标示工具名称，各清洁工具放置在相应名称上面。

（2）工具摆放应遵循从大到小、从高到矮的顺序，使用频率高的工具放置在方便取放处，要求达到干净整洁、美观统一。

（3）所有工具使用完毕后应及时归位，拖把等悬挂前需先进行清洁及沥干水分，避免污染墙面及其他相邻的工具。

工具摆放区的目视化管理实践如图5-85至图5-90所示。

图5-85 洗地机、水桶、电线、水管定置摆放区

图5-86 大型清洁工具的摆放（1）

239

图 5-87　大型清洁工具的摆放（2）

图 5-88　大型清洁工具的摆放（3）

图 5-89　保洁工具整齐摆放（1）

图 5-90 保洁工具整齐摆放（2）

（四）物料摆放区

物业服务企业的保洁部门应根据不同的物品设置分区，重物、桶装药水等放置在置物架的下层；纸品、毛巾等放置在置物架上层；遵循干湿物分离放置的原则，避免污染；使用频率高的、消耗量大的物料放置在方便取用的区域。

（1）划分专门区域用于放置药水和清洁剂，与其他区域进行隔离并上锁，由专门人员负责管理。

（2）在清洁工具对应的位置粘贴标识牌，标示名称、用途。

（3）摆放整齐，无杂物和乱摆放现象，防止药水混用。

（4）定期对物料进行盘点，根据物料的保质期取用；物料进出需有书面登记。

物料摆放区的目视化管理实践如图 5-91 至图 5-94 所示。

图 5-91 物料分类摆放 图 5-92 干湿物料分区

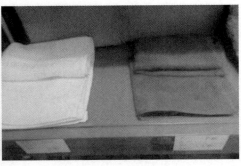

图 5-93 标识、制度上墙   图 5-94 毛巾分类

（五）办公区

（1）设置一张办公桌用于日常办公，桌面保持干净，只保留办公用品，其他无关物品一律入柜。

（2）遵守用电安全，墙面电线插排走线规则，置入线管中，严禁裸露布线，严禁超负荷用电。

（3）人离开后办公座椅要及时归位。

（4）公告栏划分为通知栏，用于张贴各类通知；考勤栏，用于张贴员工排班表及人员动态；其他栏，用于张贴其他告示或文字资料。

办公区的目视化管理实践如图 5-95 至图 5-98 所示。

图 5-95 桌面整洁   图 5-96 座椅归位

图 5-97　保洁文件资料存放柜

图 5-98　保洁工作公告栏

（六）休息区

休息区为员工配备适合的电器，设置独立的洗漱区。

（1）设立专门的休息区，靠墙摆放沙发或桌椅，供清洁人员休息与用餐。

（2）可配备小型冰箱、微波炉和饮水机，与其他清洁用品分开存放，避免卫生污染。

休息区的目视化管理实践如图 5-99 至图 5-101 所示。

图 5-99　电器整齐摆放

图 5-100　洗手池干净卫生

图 5-101　无私拉乱接电线现象，注意用电安全

（七）制度上墙

（1）工具房墙面划分专门区域用于张贴相关管理规定，用 A3 纸打印，纳入亚克力框架中，按顺序排列，悬挂在目视高度。

（2）设置责任人、巡查监督表、操作流程、药水使用说明、紧急事件处理流程和方法。

制度上墙的目视化管理实践如图 5-102 和图 5-103 所示。

图 5-102　管理制度与操作规程

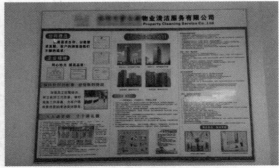

图 5-103　乙方（清洁公司）管理宣传资料

（八）保洁车

保洁车上各部位陈列的工具介绍如下。

（1）保洁车的前端——下面放置一台榨水车，上面悬挂一块"小心地滑"的指示牌。

（2）保洁车的后端——放置清洁袋，存放垃圾袋。

（3）保洁车的左端——放置一根拖把、一根尘推杆及框架和尘推布。

（4）保洁车的右端——放置一根扫把、一个小簸箕和马桶刷。

（5）保洁车的上层——前端陈列三种清洁药剂，如清洁剂、84消毒液和洁厕剂，后端摆放两个储物盒分别放置已消毒和已污染的毛巾。

（6）保洁车的中层——放置日常清洁工作中的清洁物品，如玻璃铲刀、百洁布、钢丝球、油漆刷等。

（7）保洁车的下层——放置日常工作中替换下的污染物品，如污尘推、污拖头和塑料桶。

保洁车的目视化管理实践如图5-104和图5-105所示。

图5-104　保洁车各部位陈列

图5-105　保洁车的定置

二、垃圾房

（一）垃圾房的总体要求

（1）区分要和不要的物品，只保留有用的物品，清除不需要的物品；垃圾房用于暂时存放生活垃圾与建筑垃圾，不允许长期堆放杂物和回收垃圾，严禁住人。

（2）把要用的物品按规定位置摆放整齐，并做好标识管理；垃圾房区分生活垃圾与建筑垃圾，设置不同的存放区域；建筑垃圾可统一放置，生活垃圾房内需划分垃圾摆放区、物品工具摆放区、清洗区。

（3）将不需要的物品清除掉，保持工作现场无垃圾、无污秽。

（4）维持以上整理、整顿、清扫后的局面。

（5）相关制度上墙，定期对员工进行培训，让每个员工都自觉遵守各项规章制度，养成良好的工作习惯。

垃圾房外观与分类设置如图 5-106 和图 5-107 所示。

图 5-106　垃圾房外观

图 5-107　分类设置垃圾房

（二）垃圾房门口——地面

（1）垃圾房门口设专用独立的作业区域并铺设地坪漆，以方便清洁，避免污染路面。

（2）作业区域的地面边界刷黄黑相间的并行斜线进行提醒。

（3）地面无污染、无树叶、无杂物、无污水等现象。

垃圾房门口如图 5-108 所示。

图 5-108　垃圾房门口宽阔

（三）垃圾房门口——设置

（1）对各类垃圾进行有效的物理隔离，分别设置生活垃圾房、装修垃圾房；房门上方吊挂对应的名称标识牌。

（2）将房门设立为双开式大门，方便运入垃圾和装车运走。

（3）房门应及时上锁，防止异味散出。

（4）垃圾房门口应张贴温馨提示，注明清运时间、清运要求、联系人和电话。

（四）管理标准

1. 整体区域划分

（1）设立并划分垃圾桶摆放区域，统一靠墙整齐摆放，垃圾桶开口朝向墙面。

（2）张贴各类垃圾桶摆放区域标识，分厨余垃圾、生活垃圾、可回收垃圾三种。

（3）垃圾桶装满后应盖好，防止异味散发。

（4）禁止垃圾桶混乱摆放。

垃圾桶定置示例如图 5-109 所示。

图 5-109　垃圾桶定置

2. 清洗区

（1）设立并划分清洗区域，制作专门的清洗池，便于取水清洁以及排放污水。

（2）清洗区需张贴区域标识。

（3）软管清洗完毕后应卷起，避免散落一地。

3. 清洁工具摆放区

（1）垃圾房内设置工具摆放区，区域上方张贴标识牌。

（2）所有工具应靠墙悬挂，并在每个工具的上方张贴标识，标示内容为工具名称、用途。做到专物专用，避免工具混用。

（3）工具悬挂需遵循一定顺序，即从大到小、从高到矮，使用频率高的工具应放在方便取放处，要求干净整洁、美观统一。

（4）所有工具使用完毕后应及时归位，悬挂前需进行清洁及拧干水分，避免污染墙面及其他相邻的工具。

清洁工具摆放区示例如图 5-110 和图 5-111 所示。

图 5-110　清洗区　　　　　　图 5-111　清洁工具摆放区

4. 清洁用品摆放区

（1）设立专门区域用于放置清洁药水和清洁剂，对应位置应张贴标识牌。

（2）所有物品均靠墙摆放，遵循从大到小、从高到低、方便取用的原则。瓶口需加盖拧紧，严禁敞口放置。

（3）张贴对应的标识牌，标示内容包括名称 、用途、开封日期、有效期起止时间、禁忌及注意事项。

（4）按物品名称对应摆放整齐清洁用品，无杂物和乱摆放现象，防止药水混用。清洁用品摆放示例如图5-112所示。

5.制度上墙

垃圾房墙面张贴相关管理规定，设置责任人、巡查监督表、操作流程、药水使用说明、紧急事件处理流程和方法。

制度上墙示例如图5-113所示。

图5-112 清洁用品摆放区

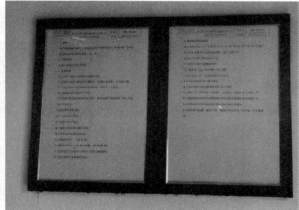

图5-113 制度上墙

第五节 办公区域和食堂5S管理与目视化实践

一、客户服务中心

（一）大门展示区

（1）铭牌内容规范统一，标明××物业服务中心。园区单元门、物业服务中心大门等把手处包裹隔凉的绒布（有效时间为当年11月至次年3月）。玻璃门上有统一防撞标识，无污迹。

（2）摆放便民垃圾桶。

（3）客服中心门口处铺设防滑地毯；下雨天气摆放"小心地滑"提醒标识。

　　大门展示区目视化管理实践如图5-114和图5-115所示。

图5-114　大门展示区　　　　　　　图5-115　大门口标识清晰

（二）会议服务区

（1）墙面干净无灰尘、污迹，天花板无蜘蛛网。

（2）地面干净、整洁。

（3）桌椅摆放规范有序。

（4）空调温度适宜，夏季最高温度为30℃以上时开启空调制冷，空调温度设置不低于26℃；冬季最低温度为5℃以下时开启空调制热，空调温度设置不高于20℃。

　　会议服务区目视化管理实践如图5-116所示。

图5-116　会议服务区

（三）接待服务区

（1）墙面干净无灰尘、污迹，天花板无蜘蛛网；地面干净、整洁，无污渍、污水。

（2）桌椅摆放规范有序。

（3）矿泉水保持两瓶以上，摆放时间不能太长，保持瓶身干净整洁。

（4）窗帘保持干净整洁。

（5）接待桌摆放烟灰缸、矿泉水，烟灰缸应及时清理。空调温度适宜，夏季最高温度为 30℃ 以上时开启空调制冷，空调温度设置不低于 26℃；冬季最低温度为 5℃ 以下时开启空调制热，空调温度设置不高于 20℃。

（四）后台区

（1）办公桌面无私人物品，文件架放于计算机左侧（或右侧），保持干净整洁。

（2）文件盒合理分类，背脊上的 Logo、名称、编号清晰（按使用类别和频次制定），标识内容整洁无破损。

（3）档案柜内文件摆放整洁有序，有明确可识别性的标识。

客户服务中心后台区目视化管理实践如图 5-117 至图 5-122 所示。

图 5-117　客户服务中心

图 5-118　后台区办公桌面

图 5-119　档案柜

251

图 5-120　业主档案柜

图 5-121　业主档案管理　　　　图 5-122　物业客户服务中心前台资料柜

（五）制度上墙公示

（1）公示牌洁净、整齐、无破损。为方便客户阅读，公示牌底边边缘距地面高度不宜超过 1.5 米，如图 5-123 所示。

（2）液晶屏滚动播放制度类公示，包含物业管理服务标准、服务内容、收费标准、业务办理流程。

图 5-123　客户服务中心组织架构和办公室制度上墙

二、职能办公室

（一）办公室桌面

（1）桌面除公司购置的文件架、显示器、键盘、鼠标、电话机、水杯、台历、盆栽之外无其他物品。

（2）人离开半小时以上应将桌面收拾成规定状态。

（3）人离开座位时，应将座椅放回原处。

（4）计算机应设置成五分钟未使用屏保。

办公室桌面目视化管理实践如图5-124所示。

图5-124 办公桌上干净整齐，各种物品都做好定置

（二）办公桌面文件架（盒）、文件夹

（1）规格：依据实际尺寸制定。

（2）文件夹的标签应包含编号、文件名称、所属部门。

（3）文件架的标签应包括所属部门、文件类别、责任人。

（4）目视化标签的格式要按公司要求统一制作。

办公桌面文件架（盒）、文件夹目视化管理实践如图 5-125 所示。

图 5-125　办公桌面文件架（盒）、文件夹用颜色标识以确保不会放错位置

（三）卡位下方抽屉柜

（1）抽屉钥匙在右边或中间时，将标签粘贴在抽屉的左上角；抽屉钥匙在左边时，将标签粘贴在抽屉的右上角，距上边缘和左右边缘分别 5 毫米。

（2）办公桌下方抽屉的每一层都规定好存放物品的类别，如第一层为办公用品，第二层为文件资料，第三层为个人物品，如图 5-126 所示。

（3）抽屉内物品要摆放整齐。

图 5-126　办公桌下方抽屉柜

（四）办公用品抽屉

（1）抽屉内物品应定置摆放，如图5-127所示。

（2）抽屉内物品应进行定期整理，及时清理不常用物品。

（3）抽屉标签规格为长50毫米×宽20毫米。

图5-127 办公用品抽屉定置

（五）文件柜内文件标示

（1）除只有一个文件柜外，所有的文件柜都需要编号，并且文件柜编号要在文件夹侧脊上标示。

（2）各层文件夹的行迹通过颜色区分，如图5-128所示。

图5-128 文件柜里的文件摆放整齐，并进行颜色、斜线标示

（六）电话机位置标示方法

确定电话机位置，培养用完物品放回原位的习惯（如图5-129所示）。

（1）电话用10毫米宽L型角线定位，L型角线距离电话机5毫米。

（2）贴标签时，部门要统一位置，实现对称美观。

（3）要贴本机号码标签。

图5-129　电话机定置标示

（七）办公文具（笔筒）

办公文具定置的目的是，避免随意放置文具，如图5-130所示。

（1）标签形状根据笔筒底面形状而定。

（2）标签粘贴在放置笔筒位置。

（3）贴标签时，部门要统一位置，实现对称美观。

（4）深色桌面贴黄色标识，浅色桌面贴蓝色标识。

图5-130　办公文具（笔筒）定置

（八）计算机显示器、鼠标垫

办公室应确定计算机显示器、鼠标垫的位置（如图5-131所示），使物品摆放统一规范。

（1）计算机显示器、鼠标垫用10毫米宽L型角线定位，L型角线距离主机底座、鼠标垫5毫米。

（2）贴物品标签时，部门要统一位置，实现对称美观。

（3）部门统一鼠标垫与显示器的位置间距。

图 5-131　显示器、鼠标垫定置、画线

（九）计算机电源线

（1）将办公桌下方的电源线分段绑扎在一起（两条及以上），尽量保持横平竖直。只有一条电源线时应加以固定，如图5-132和图5-133所示。

（2）电源线头部与设备连接处留有余量，防止设备移动时由于绑扎过紧而损坏电线。

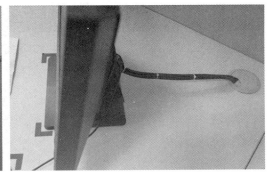

图 5-132　用尼龙扎带将电源线扎在一起，
　　　　　看上去整齐同时可防止将人绊倒

图 5-133　电源线捆扎加以固定

257

（十）办公室电源开关

（1）根据电源开关大小制定标识。

（2）附有"节约能源"等温馨提示。

（3）每一个开关都要标注其控制的位置。

办公室电源开关的目视化管理实践如图 5-134 和图 5-135 所示。

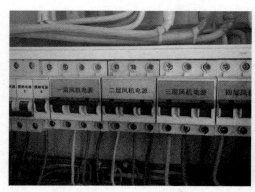

图 5-134　每一个开关都要标注其控制的位置，且附有温馨提示

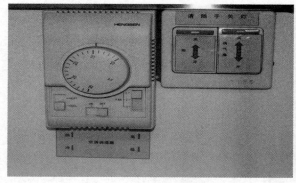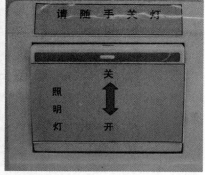

图 5-135　根据开关大小制定标识，并附有温馨提示

（十一）电源插座

（1）每个插头都要挂标识牌，标明对应电器。电线要梳理整齐，并分类捆扎，如图 5-136 所示。

（2）电线、网线、电话线等需入槽。

图 5-136 每个插头都要挂标识牌

（十二）打印机、扫描仪等

（1）打印机、扫描仪等要用 10 毫米的 L 型角线进行定置，L 型角线距离物品 5 毫米处。

（2）物品管理卡标签应粘贴在物品明显位置，内容包括物品名称和责任人，部门统一格式。

打印机、扫描仪等的目视化管理实践如图 5-137 和图 5-138 所示。

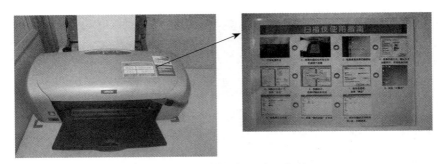

图 5-137 打印机、扫描仪等的定置与管理

图 5-138 打印机和文件筐定置

（十三）垃圾桶

（1）垃圾桶要有明确的定位线、最高定量线及标识，如图5-139所示。

（2）放置位要合理。

（3）有明确的负责人。

图5-139　垃圾桶的定置

（十四）花盆花卉

（1）在花盆中插入花名标签。

（2）标签样式和颜色可个性化设计，部门内部统一即可。

（3）标签内容包含花名、分类、习性和养护周期，方便按时养护。

（4）花盆要用蓝色或黄色正方形对角贴菱形（或圆圈）定置，如图5-140所示。

图5-140　花盆定置

（十五）饮水机的管理

（1）对饮水机进行标识定位，饮水机底座处用统一颜色的胶带定位。

（2）饮水机需标明责任人，标签粘贴于饮水机侧面。

（3）对饮水机开关进行标示，防止按错开关烫伤手。用直径5厘米的红色圆形贴纸标识为热水，用蓝色贴纸标识为冷水，字都为白字；粘贴在按键的上方。

饮水机的目视化管理实践如图5-141和图5-142所示。

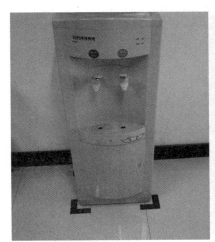

图5-141 饮水机用胶带定置，侧面签名注明责任人

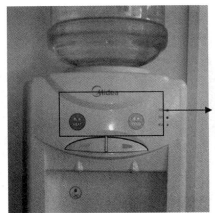

图5-142 冷热水键上方分别贴上红色、蓝色标签

（十六）开门管理

（1）制定开门形迹位置（如图5-143和图5-144所示），沿开门弧线半径处划线。

（2）实体门需要制作闭门线，用20毫米有颜色的正方形对角贴菱形。

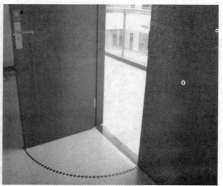

图5-143　制定开门形迹位置　　　　图5-144　沿开门弧线半径处划线

（十七）门推拉

明确门的开闭方向，起到防撞作用。

（1）推拉门标识粘贴在门锁的正上方5毫米处。

（2）固定门标签粘贴位置与推拉标下沿对齐，与"推拉"标识对称。

（3）玻璃门上的"推拉"标识要粘贴在防撞条上方5毫米处、推拉把手内侧。门外贴"推"，室内贴"拉"。

门推拉的目视化管理实践如图5-145所示。

图5-145　门推拉的管理

（十八）空调

（1）空调上粘贴责任人和"节约用电"温馨提示。

（2）空调风口左上角处须悬挂飘带，使空调状态一目了然，如图5-146所示。

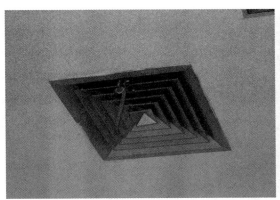

图5-146 空调出风口悬挂飘带

（十九）茶水间

（1）固定茶水间的位置。

（2）制定茶水间清扫标准，明确责任人，如图5-147所示。

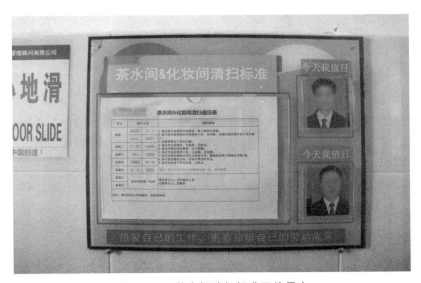

图5-147 茶水间清扫标准及值日人

三、员工食堂

（一）厨房工具及出品用具

（1）厨房工具及出品用具如菜刀、砧板、工作台、菜盘、菜筐等都要做到专人管理，做到物物有人管、人人有物管。

（2）无论何时都必须确保工具、用具的卫生及完好。

厨房工具及出品用具目视化管理实践如图 5-148 至图 5-153 所示。

图 5-148　水产肉和肉类砧板分类存放

图 5-149　刀具的定置

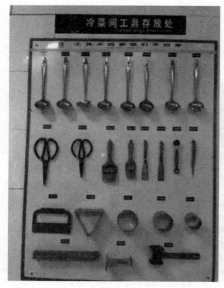

图 5-150　冷菜间内工具存放处

图 5-151　烹饪工具用完归位

图 5-152　灶台、荷台责任卡

图 5-153　打荷调料柜存放物品及责任卡

（二）餐具定位摆放

餐具定位摆放的目的在于方便员工拿取，避免因凌乱而造成餐具丢失。餐具定位摆放标识的管理要求如下。

（1）标明"取筷处""餐具取用处"等字样。

（2）使用消过毒的器具盛放餐具。

（3）各种餐具应集中、整齐摆放。

（4）员工不得将企业提供的餐具带出食堂。

（5）餐具使用完毕应集中放置。

餐具定位摆放目视化管理实践如图 5-154 至图 5-157 所示。

图 5-154　取筷处

图 5-155　筷子盒

图 5-156　餐具已消毒

图 5-157　餐具集中摆放

（三）所有清洁工具、用具

（1）清洁工具、用具包括拖把、扫帚、抹布、玻璃刷等，必须放入指定地点，使用完毕后要清洁干净放回原处。

（2）按照不同的岗位划分卫生区域，所有员工必须参加星期五的卫生大扫除。

（3）专人定时检查厨房泔水桶及用具的清洁工作。

所有清洁工具、用具的目视化管理实践如图 5-158 至图 5-161 所示。

图 5-158　毛巾按色标摆放

图 5-159　用悬挂的方式摆放清洁工具、用具

图 5-160　清扫工具集中管理，离地吊挂

图 5-161　拖把、毛巾存放处有接水盘

（四）原材料管理

（1）各类食品原材料入库前须详细登记入册，详细记录原材料的生产日期及保质期。专人仔细检查原材料入库前的色、香、味、形等，若是定型包装食品，须检查标签是否齐全。

（2）物品须严格按照仓库总体布局摆放，成品、半成品及食品原材料应分区设置，并按高、中、低用量，分区、分架、分层存放，与货架标签内容相符。

（3）各类食品存放于规定区域，不得超过"三线"，严格按照标签名称整齐规范摆放，存取物品以左进右出为序，领取物品应在 30 秒内找到。

（4）食品进出仓库要做到勤进勤出、先进先出，定期检查清仓，防止食品过期、变质，严禁有毒有害物品及个人物品进入仓库，及时将不符合卫生要求的食品清理出库。

（5）保持仓库整洁，每周对仓库的卫生进行彻底打扫。

原材料管理的目视化管理实践如图 5-162 至图 5-165 所示。

图 5-162　各类干货装箱存放、分门别类，且防止受潮变质

图 5-163　新鲜、当日用的蔬菜用袋或框分类存放

图 5-164　各类食材都有自己的存储区位，并按左进右出的方向摆放

图 5-165　贴红胶带用于区隔，用标准文字进行标识

（五）食品留样

（1）重大活动宴请及单餐 10 桌以上的聚餐应留样，以备查验。

（2）每份菜肴留样不少于 100 克，置于经消毒后有盖（或加膜）的容器内。

（3）留样的菜肴应及时存放在专用冰箱内，在 0 ～ 10℃的条件下保留 48 小时。

（4）每餐留样菜肴均需标明留样日期、餐次、留样人。

（5）专人负责留样，留样菜肴不得再继续食用，应及时清理，并保持留样冰箱清洁，无其他物品。

食品留样的目视化管理实践如图 5-166 所示。

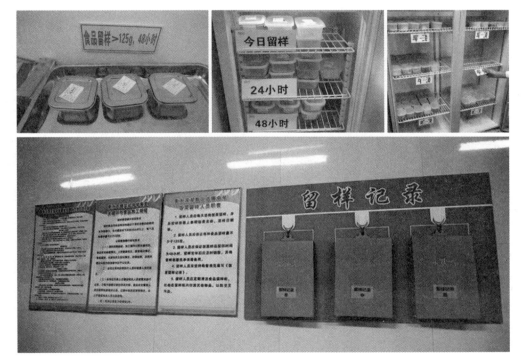

图 5-166　食品留样目视化管理实践